AF322875

# ENFOQUE SOBRE LUDWIG ZELLER
## POETA Y ARTISTA

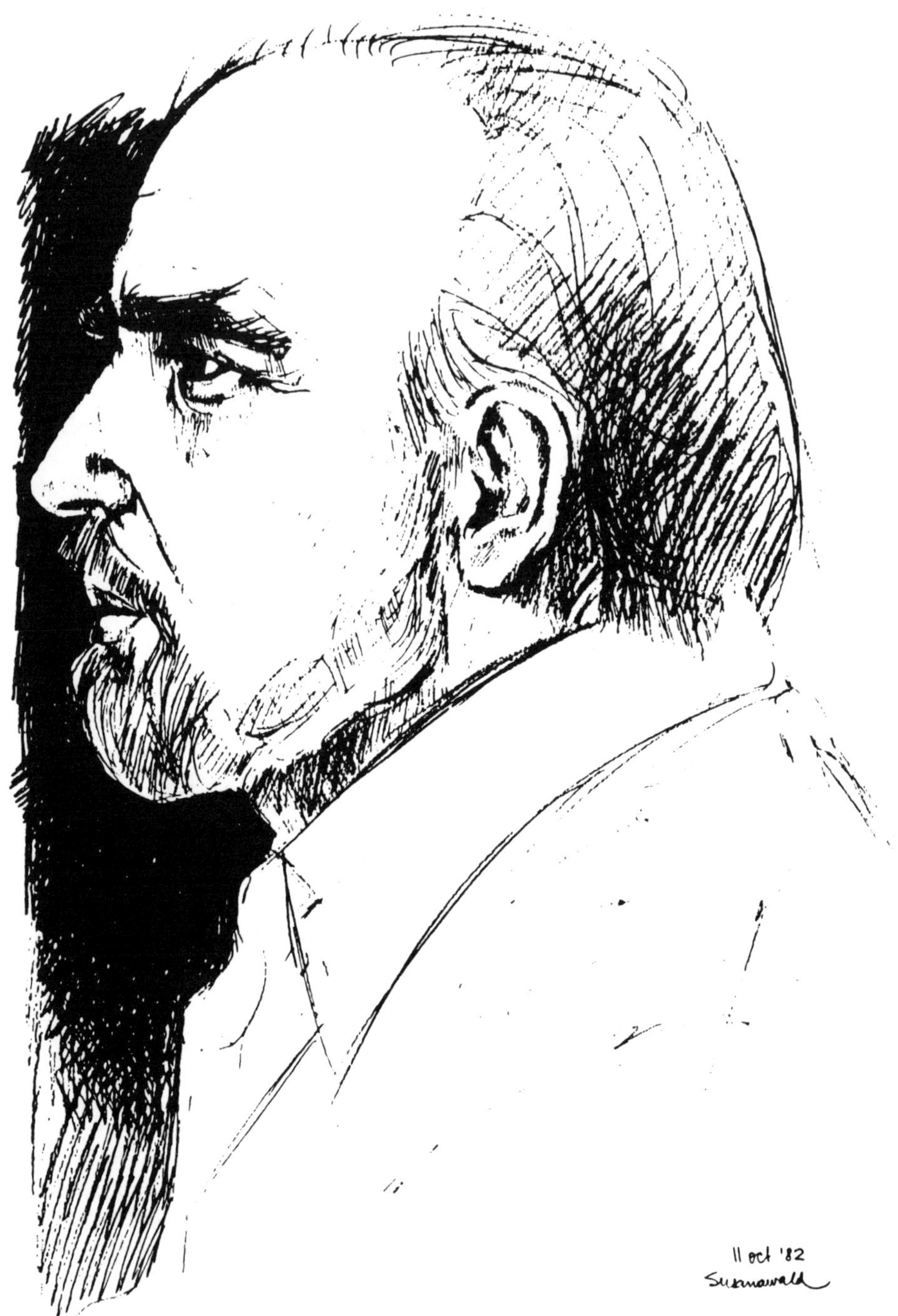
11 oct '82
Susnawald

# ENFOQUE SOBRE LUDWIG ZELLER POETA Y ARTISTA

Edición a cargo de Beatriz Zeller

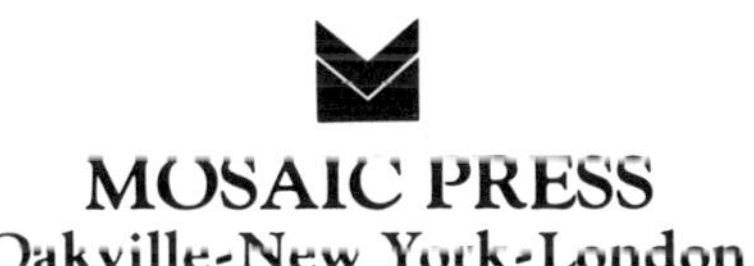

MOSAIC PRESS
Oakville-New York-London

**Canadian Catologuing in Publication Data**

Main entry under title:

Focus on Ludwig Zeller, poet and artist = En foque
        Ludwig Zeller, poeta y artista

Text in English and Spanish.
ISBN  0-88962-498-4

1. Zeller, Ludwig, 1927-    -Criticism and interpretation.
    I. Title: En foque :  sobre Ludwig Zeller, poeta y  artista.

NX513.Z9Z45  1991        700'.92        C91- 095544-1

No part of this book may be reproduced or transmitted in any form, by any means, electronic or mechanical, including photocopying and recording information storage and retrieval systems, without permission in writing from the publisher, except by a reviewer who may quote brief passages in a review.

Published by MOSAIC PRESS, P.O. Box 1032, Oakville, Ontario, L6J 5E9, Canada.  Offices and warehouse at 1252 Speers Road, Units #1&2, Oakville, Ontario, L6L 5N9, Canada.

Mosaic Press acknowledges the assistance of the Canada Council and the Ontario Arts Council in support of its publishing programme.

Copyright © Ludwig Zeller 1991
Design by Ludwig Zeller and Susana Wald
Typeset by Heather Wade

Printed and bound in Canada.

ISBN 0-88962-498-4

MOSAIC PRESS:

In Canada:
    MOSAIC PRESS, 1252 Speers Road,  Units#1&2, Oakville, Ontario L6L 5N9, Canada.  P.O.Box 1032, Oakville, Ontario L6J 5E9

In the United States:
    Distributed to the trade in the United States by:  Kampmann National Book Network, Inc., 4720-A Boston Way, Lanham, M.D.,20706 USA

In the U.K.:
    John Calder (Publishers)Ltd., 18 Brewer Street London, WIR 4A5, England

# INDICE

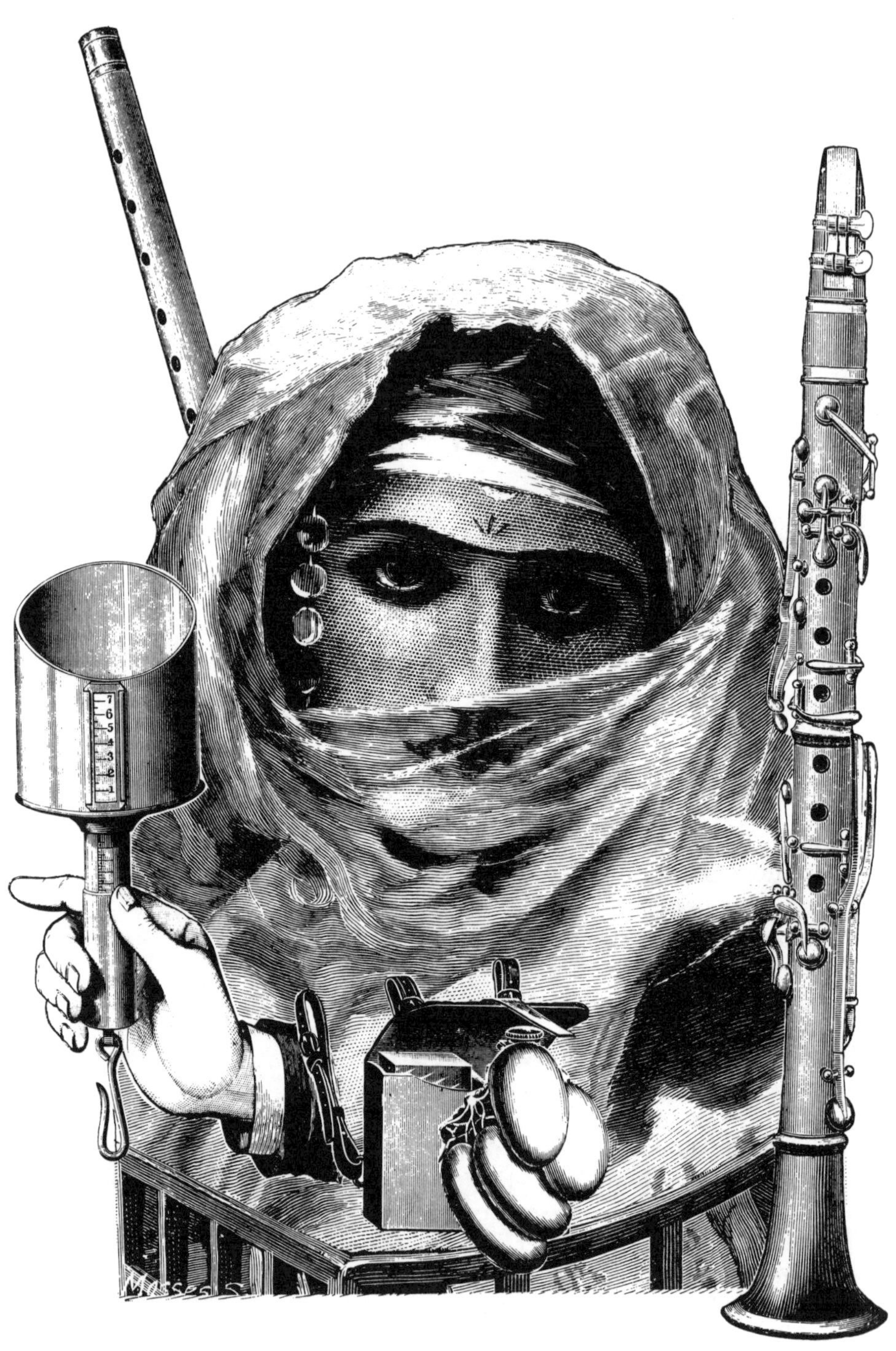

# EL OTRO ROSTRO DE LUDWIG ZELLER

Conocer a Ludwig Zeller es tocar constantemente un universo mágico en el que el tiempo fluye de otra manera, en que cualquier cosa es posible. El absoluto se hace realidad. Para mí el mundo es inconcebible sin su mente, su espíritu, cualquiera sea la forma en que éste se manifieste. Me ha sido dada la suerte de conocer muchas de las facetas de este ser lleno de matices que, desde mi niñez se traducen en una imagen muy intensa que al paso de los años he llegado a comprender mejor. Las incontables horas que Ludwig ha charlado pacientemente conmigo me han permitido tocar esa imagen a veces dolida, a veces pícara, siempre maravillada del mundo. Tal vez la mejor manera de presentar esta antología de ensayos sobre Ludwig para alguien que como yo ha crecido bajo su cuidado paternal y ha trabajado tan cercanamente a él durante todos estos años, será tocar aunque sea superficialmente algunos de los muchos temas que hasta ahora han poblado nuestros largos diálogos.

Las raíces de las que proviene, la experiencia de lo vivido componen esa imagen que proyecta Ludwig y que muchos ven como algo "raro", o como lo califica José Miguel Oviedo, de una "extrañeza radical". La vida que le ha tocado es inusual. Nació y pasó su infancia en el desierto de Atacama y este hecho marca completamente su concepción del mundo. La dicotomía que ha de ser la marca de su obra se da allí, en el origen, en Río Loa, una comunidad apartada en que la mayor parte de la gente que lo rodeaba, sus compañeros de juego y los seres que pueblan la verdadera mitología que es su infancia eran de origen indígena boliviano. Cuando éramos niños Ludwig nos contaba sus aventuras increíbles vividas en el desierto. En ese entonces parecíame que ese debía ser sin duda un lugar distinto a todos los demás sobre la tierra, una especie de continente por descubrir como en los cuentos de Jules Verne. Sus padres, sus hermanos y hermanas, la gente del poblado de Río Loa, formaron en mi mente infantil una novela en que todos los personajes eran reales, tan vívida era su imagen de esa niñez norteña. Con el tiempo he llegado a comprender que, si bien es verdad que el paisaje tiene que haber forzosamente dejado su marca en la concepción que Ludwig tiene del mundo, es sin duda su condición de poeta, lo que tanto enriqueció nuestra vida de niños con esos cuentos de "Doña Tomasa", "Los espejismos", "Los aparecidos", la relación de su madre y la señora del "cantarito". Edouard Jaguer en su introducción a *50 Collages* comprendió bien que en esa infancia en el desierto está el germen de gran parte de la fuerza creadora de Ludwig.

Su condición de poeta, su sensibilidad y capacidad de transformar el mundo ciertamente no surgen de la nada. Su padre, un ingeniero alemán casado con Rosa Ocampo, una mujer chilena de antigua estirpe extremeña, era en sí un hombre excepcional que osó romper ya a principios de siglo, con muchos de los moldes impuestos por la sociedad europea. Es necesario comprender el salto que Wilhelm Zeller hizo en ese entonces al dejar detrás toda una añeja tradición de eruditos en Alemania, para asentarse en un poblado remoto y pequeño como era Río Loa. El elemento de marginalidad que esto significa se da así desde un principio y se repetirá en cada etapa de la vida de Ludwig. Si bien esto implica una sensación de soledad, conlleva una enorme libertad de espíritu que le permitirá enfrentar cada etapa de su vida con total independencia. No es difícil comprender dentro de este marco sus vínculos con el surrealismo que propone una realidad absoluta; su insistencia en llevar la experiencia cotidiana hasta sus límites y ver lo que yace del otro lado del espejo.

En cierta oportunidad Ludwig me mostró una fotografía de él a los catorce años: jamás se me ha borrado esa imagen de niño como tocado por una tormenta; hay una ferocidad, algo casi violento que se juxtapone a la inocencia en el rostro de alguien que, apenas entraba en la adolescencia. La imagen que he podido componer de sus primeros años de adulto a través de sus recuerdos y de memorias como la que aquí incluímos de Hugo Goldsack, me hace pensar que la juventud, un tiempo rosado para tantos, fue para Ludwig la época más dura y atormentada de su vida. Esto se traduce en un alma rebelde e intransigente. Aunque la mayor parte de los poemas de esos primeros años se han extraviado, la imagen de ese ser emerge nítidamente no sólo en los versos, sino en el título de su primera antología, *Exodo y otras soledades*.

A su infancia desacostrumbrada se suma el hecho de que los años formativos de Ludwig Zeller como artista y poeta coinciden con una gran efervescencia en la vida cultural latinoamericana, en especial en Chile, donde se da como fenómeno el surgimiento de tres generaciones de poetas verdaderamente excepcionales. A pesar de que Ludwig participa activamente en la vida cultural chilena, es evidente que en cierto modo su contribución a la literatura y las artes plásticas no es enteramente aceptada en su momento por el medio y permanece en cierta forma marginada. Pero, curiosamente, en el medio santiaguino de los años cincuenta y sesenta Zeller actúa como "motor" y catalizador de tendencias que cambian radicalmente las formas de expresión tanto en la literatura como en la plástica. Le es dado asumir un poco a pesar de sí mismo ese papel en sus años como director de la sala de exposiciones del Ministerio de Educación donde trabajó más de 15 años, así como en otras galerías. Este despliegue de energía creativa dentro del medio culmina con la fundación de Casa de la Luna junto con Susana Wald.  En retrospectiva, ese centro de conferencias, exposiciones y reuniones marcó a muchas personas que participaban activamente en los eventos que allí se llevaron a cabo.  Lo sé porque con la distancia de veinte y tanto años todavía hay quienes recuerdan la libertad con que se podían enfrentar temas, ideas que eran tabú más allá de esas cuatro paredes.

Esos años coinciden con varias tendencias importantes dentro del arte de Ludwig: en primer lugar están los experimentos con el uso del lenguaje en su poesía, hasta dar con el estilo personalísimo que caracteriza todos sus libros a partir de un poema clave: "Paloma que se sueña".  Si bien es cierto que casi todos los elementos que forman su cosmogonía están presentes desde sus primeros poemas, las formas que le permitirán usar con tal plasticidad las imágenes verbales surgen en aquella época. Su interés por los procesos que llevan a la desintegración del lenguaje en los enfermos mentales, por ejemplo, data del comienzo de la década del 60. De sus largas visitas al viejo manicomio de Santiago, donde entrevistó y grabó las voces turbulentas de los esquizofrénicos, Ludwig saca conclusiones bastante distintas a aquellas expresadas por Breton en su famosa novela *Nadja*.  No creo que haya ningún otro texto que como *A Aloyse* exprese con tal elocuencia y profundo humanismo el atormentado universo al que está sujeta la mente cuando los esquemas de "la razón" pierden su control.  A través de un uso genial de las imágenes y del ritmo interno creado por la selección y yuxtaposición de las palabras mismas, el poeta logra concretar aquel mundo alucinante, veloz, poblado de significados propios de la mente no sujeta a barreras.

Conoce en esa época a la doctora Helena Hoffmann con quien logra explorar cabalmente el mundo de los sueños a través de la técnica del "sueño vigil dirigido".  En su texto "The Surrealist Optic of Ludwig Zeller", Anna Balakian explora la visión del mundo onírico de Zeller que va mucho más allá de aquella que los surrealistas promovieran en los años veinte y treinta.  Para comprender el mundo de Ludwig es esencial ver hasta qué punto los límites entre la vigilia y el sueño cesan de existir en su vida cotidiana.  Al considerar el sueño como una manera paralela de existir, el poeta logra en lo onírico lo que la realidad nos niega constantemente.  Pero "vivir los sueños" requiere una alta dosis de valentía ya que el sueño, como la vida toda, rara vez es sólo plácido y ameno. Yo recuerdo haber visto muchas veces a Ludwig bajar a desayunar con nosotros tras una larga noche de pesadillas entrecortada por horas de insomnio. Ludwig afirma que la parte más importante de su obra está en la anotación de sueños. La "prima materia" de su poesía y de sus collages está allí. El no hace diferencias entre el sueño y las formas en que éste se manifiesta. De hecho, existen varios ejemplos de este "verterse del sueño en la realidad". Uno de los más conocidos es el conjunto "Un sueño repetido, ¿es sólo un sueño?" Se trata de la anotación del sueño, de un poema basado en él y un collage, todos simultáneos.

Hay en la dinámica creativa de Ludwig Zeller no sólo un constante cuestionar de la realidad, como lo explica A.F. Moritz en su "Introduction to the Poetry of Ludwig Zeller", sino una entrega, una actitud en la que él se da por entero a lo creativo. Susana Wald, su mujer y su más estrecha colaboradora, ve la creatividad como "una forma del amor... el amor a otro ser, a las formas, al universo...", y ve a Ludwig como un hombre "intensamente amante de todo: de las cosas, de las texturas, de colores, de ritmos, de ideas, del verbo mismo." Va más allá al concluir que "de esa condición amante suya sale su impulso creador..." Susana al examinar el proceso que desde el principio de su relación los ha llevado a ambos a colaborar en lo artístico, nos dice: "Desde que conozco a Ludwig, a quien encontré un 10 de mayo de 1963, él ha tratado de estimularme para que trabajara en mis dibujos... mientras yo trabajaba él me leía poemas suyos... con *Las reglas del juego* yo he tratado de visualizar en mi mente, literalmente, esos poemas... esas ilustraciones me significaron un cambio en la manera en que trabajaba entonces... Ludwig tiene una manera de compartir sus ideas al conversar y eso arrastra a otros a colaborar con él". La culminación de esa colaboración entre Susana Wald y Ludwig Zeller son sus "Mirages" que emergen de la compatibilidad que existe entre ambos en los esquemas inconscientes que eligen, en la predilección de Susana por el efecto del dibujo a tinta y pluma, y la de Ludwig por las texturas que dan los grabados antiguos de los que están hechos sus collages. El tira y afloja del proceso de colaboración, la tensión, la yuxtaposición de los elementos en este juego "nos ha parecido siempre dinámico y creador..." Susana dice: "Yo siempre me he sentido con la más completa libertad de hacer cualquier transformación con su obra plástica y creo que él también siente lo mismo. Yo creo que se debe básicamente a una idea que es intrínsica a lo amoroso. Nosotros tenemos una relación amorosa y toda relación de colaboración es una relación amorosa." Todos los artistas, según Susana, trabajan influenciados por otros, consciente o inconscientemente. Ella ve que "no es tan común mostrarlo al desnudo como nosotros lo hemos hecho; eso es lo desusado: la franqueza de nuestra actitud al colaborar y al mostrar una cosa de este tipo en que a partir de realidades completamente distintas, en el sentido en que lo formulaban los surrealistas, hemos hecho una realidad nueva, común a ambos."

El amor como fuerza creativa y dinámica. "Ella". Lo femenino, la mujer en todas sus formas emerge como una constelación nueva en poema tras poema de Ludwig Zeller. El ser amado se convierte en vehículo de la búsqueda metafísica del poeta. Y como la imaginación no se impone límites, esa búsqueda se manifiesta a menudo marcada de sufrimiento, de violencia: es algo "extremo", una palabra que el poeta siempre usa. Al mismo tiempo, hay en Ludwig una constante ensoñación; es como si viviera siempre sorprendido por lo maravilloso. Y en eso, no importa cuan profunda sea a veces para él la sensación de desesperación ante los eventos que nos sobrecogen a todos, existe siempre una posibilidad de solaz, de salir del pozo de depresión al conjurar la imagen femenina. Creo que es una imagen que viene de su niñez, inspirada tal vez por lecturas infantiles como las de Rider Haggard, por ejemplo. La suya sin embargo, no es una sensibilidad libresca y está regida por la magia. Así, cuando él afirma que por Huron Street bajará la Reina de Saba en un carro dorado y golpeará a su puerta, uno queda convencido y comprometido a avisarle, no sea que "Ella" lo sorprenda sumido en otro mundo. Es un enamoramiento con lo maravilloso. Cuando le pregunté qué significa para él el amor, su respuesta fue: "A través de mi obra es una constante, un enigma que no he logrado descifrar pero que a través de cientos de imágenes trata de darnos ese collage convulsivo que es la presencia del amor".

La exaltación de lo amoroso y sus posibilidades transformatorias es una de las muchas formas de concebir el mundo que lo vinculan al surrealismo. Su sensibilidad se presta completamente a los dictados fundamentales de esa filosofía de la vida. Desde un principio se da en Zeller una necesidad de cuestionar la realidad, de mirar el mundo a través de otro lente. Es evidente para cualquiera que se acerca a su obra que hay una insistencia en una exploración más profunda de la realidad. Alvaro Mutis, expresa lo que yo entiendo como uno de los dictados fundamentales del surrealismo de la siguiente manera: "Una poesía como la de Zeller sólo puede ser posible merced a la entrega total, a la desvelada devoción sin medida ni pausa, como él la entiende". Para el público norteamericano el surrealismo a menudo se limita a las imágenes tal como las pintara Dalí: no existe como tradición en lengua inglesa y si se da, es en otras formas y sólo marginalmente como una concepción global de la vida. Por eso cuando le pregunté a Ludwig como siente él su raigambre en el surrealismo su respuesta fue la siguiente: "Vivir en este siglo e ignorar el cambio absoluto que significa el surrealismo en la literatura es como estar en una tormenta y no darse cuenta de lo que está pasando. Yo creo en un surrealismo que es lo contrario a lo académico, creo en el *elan* que ha dado para una nueva visión del mundo proporcionando herramientas que siempre estuvieron excluidas del quehacer literario como el psicoanálisis, la escritura automática, el azar objetivo..." Si el surrealismo ha de ser considerado como una filosofía de la vida que lleva a una libertad del espíritu, a una nueva concepción del mundo, si la realidad "está en otra parte", entonces no es de sorprenderse que un poeta como Zeller, que no ve el surrealismo como un conjunto de reglas para interpretar la realidad, se plantee algunos problemas sobre la existencia desde el ángulo de lo mágico-religioso. Creo, sin embargo, que su visión se aparta de una concepción materialista del mundo. Esto no difiere tan radicalmente de lo que se proponían los surrealistas en 1929 al publicar "Carta a la vidente", o "Carta al Dalai Lama" de Antonin Artaud. Ludwig siente que a través de los siglos los poetas a menudo se plantearon problemas similares con distintas modificaciones. Leer poemas como "Nómades en el mándala", "Los espejos de Circe" o su reciente "La tentación de los eremitas", por ejemplo, es comprender que en su entrega a las fuerzas liberadoras de la poesía, es su "deber" atreverse a formular ciertas preguntas cuyas respuestas no siempre caben dentro de los cánones de una u otra filosofía. Como dice Mutis, "Ludwig Zeller... tiene que inventar a cada instante la libertad, ese paraíso sobre la tierra contra el cual los hombres atentan también a cada instante".

Cuando hablo de una búsqueda metafísica en Ludwig lo hago en gran medida para explicarme a mí misma la personalidad de un hombre muy dinámico pero al mismo tiempo contemplativo. Porque, si bien su vida en Chile era de una actividad constante dentro del medio, al elegir el exilio "de todo y de mí mismo" que es su vida en Canadá a partir de 1970, el poeta opta por una existencia aparte, en contacto con la raíz. Elegir este exilio "de todo" le ha signficado a Ludwig años de gran soledad, en compañía de los más próximos, la familia que ha creado alrededor de sí y un pequeñísimo grupo de íntimos. Es así también como el poeta ha podido realizar gran parte de una obra que el tiempo ha de juzgar en toda su magnitud. Dejo a otros la tarea de establecer la trascendencia de esta tarea. Baste decir que la elección de una vida aparte, le ha permitido entregarse a sus visiones y explorarlas hasta sus últimas consecuencias. Así entiendo yo el ánimo contemplativo que hace que gran parte de su solaz lo encuentre en la naturaleza, en saber que los pájaros vuelven, que se alimentan del grano que les da a diario en su jardín. Pero no se crea que su actividad creadora se reduce a un golpe de inspiración solamente. No. Ludwig es uno de esos "terribles trabajadores", un obsesivo y desvelado trabajador. Ha aplicado a su creación técnicas como el automatismo, pero cualquiera que lee sus poemas verá en ellos horas, días de trabajo, de revisión, en sus palabras, de "pulido". De su poema "Los engranajes del encantamiento", por ejemplo, me regaló más de diez versiones: el poeta hace y rehace el mundo.

En una sociedad obsesionada por la técnica, por la adquisición de bienes materiales, el ejemplo de Ludwig puede pasar desapercibido. Pero no es así porque a pesar de que la suya es una obra que se comunica no en el lenguaje de moda, sino a través de un complejo y denso sistema de metáforas e imágenes es tal el poder de su visión, que si aún existe la palabra escrita como medio de comunicación, es indudable que muchos serán los que se sientan tocados y que lean en ella una respuesta a tantas preguntas que nuestra era moderna ha dejado sin responder.

"El mundo invisible está lleno de cucharas". La certeza de Ludwig que en lo invisible se llevan a cabo otras vidas, me ha convencido de que convivimos con nuestros fantasmas. Si es así, el que yo aquí esbozo ¿es el rostro real de Ludwig Zeller? Para mí lo es. Pero no es el único. La colección de ensayos que aquí presentamos ayudarán al lector a descifrar las otras facetas de ese espejo multiple, ya que como dice él mismo: "¿Qué es lo real? ¿Qué es lo imaginario? La mitad de nuestra vida está en los sueños."

Beatriz Zeller nació en Chile 1958 e imigró con su familia a Canadá en 1971. Movida por el alcance de la voz poética de autores como Rosamel del Valle, Enrique Gómez-Correa, Olga Orozco, César Moro y muy especialmente de Ludwig Zeller, ha dedicado gran parte de su tiempo a la traducción literaria. Es autora de un pequeño libro de poemas, *Poetisa con balcón y vista al mar*.

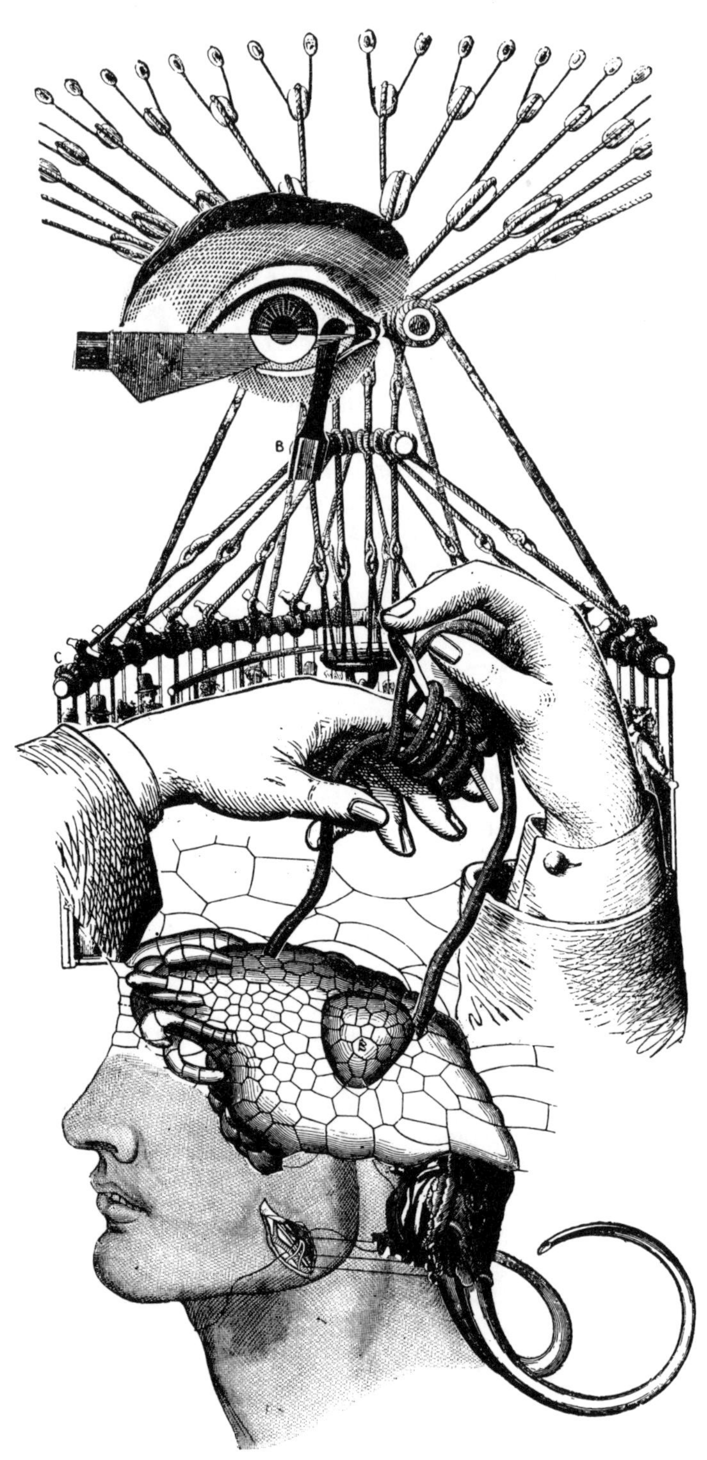

# Humberto Díaz-Casanueva

## HOMENAJE A LUDWIG ZELLER

Hace ya veinte años que Ludwig Zeller dejó Chile para el horizonte de lo posible. Con su esposa y sus hijos fuese y todos ellos desarrollaron sus valiosos dones. Evoco a Susana Wald en la maestría y seducción de su arte. Jamás nos hemos acostumbrado a la ausencia de todos ellos. El rostro de Ludwig se nos aparece como rodeado de lámparas de niebla. Hemos sentido nostalgia de uno de los más excelsos creadores de nuestra cultura, no siempre valorado en sus merecimientos que requieren un mayor conocimiento y penetración.

Aquí, junto a mí, he apilado ejemplares de sus obras. Me faltan algunas de ellas. Siempre sus collages han ornado mis paredes y cuando hojeo algunos de mis libros, por él enriquecidos con sus portentosas imágenes, me convenzo de que ellos perduran por la integración de mi verbo con su magia. Y hay personas que me leen porque él las incita. Años han pasado, la presencia-ausencia se apoya en envíos, cartas, silencios, ecos retumbantes. En forma de hilo, ni fragmentado ni roto, algo une nuestros espíritus, dolores y esperanzas. Pero no es sólo su arte triunfal el que me impele a escribir estas líneas; es el resplandor de una vida de dignidad, sin renunciamientos, consagrada por entero al ahondamiento de su vocación, a procesos de una heroica vida iniciática en los misterios del ser. El arte siempre consolida en sus signos una voluntad ética de exploración y valorización humana.

Conlleva Ludwig, en lo subyacente y entrañable de su identidad, el desierto de Atacama donde nació, y que en sus sueños le ha revelado sus tatuajes velados por una dura costra: savias, divinidades desvanecidas, vestigios de espejos cerrados. Tantos años que este artista ha vivido en los límites de su espíritu, entre peligros, confiado en el rayo de su frente de minero. "Todos los rostros se abren a una máscara, siempre la misma, dolorida, hirviente imagen..." dice en el hermoso poema "El faisán blanco". No sólo es un poema: es una "Celebración", como el título del libro: dibujos, pinturas, collages, y siempre el mismo Faisán que a pesar de transfigurarse a través de tantos colores y alegorías y ámbitos textuales, "sus ojos son los mismos que me miran en sueño."

Ludwig recoge en sus poemas-collages, o en sus collages-poemas una tradición milenaria. Recuérdense los poemas *waka* de la poeta Ysen del Siglo X, las composiciones japonesas, los maestros persas o turcos, el patricio de Nüremberg llamado Pfault pegando recortes de ciervos y de pájaros a la seda negra, los íconos y tantas valiosas experiencias con diversos materiales y finalidades múltiples. Pero es el surrealismo el camino propicio y seguro que facilita a Zeller la integración de lo que aparece contradictorio en la percepción lógica de la apariencia. No intenta yuxtaponer elementos formales para un goce puramente estético, sino que bucea en un infrarealismo fantástico, esquivando el juego libre y equívoco por cierta necesidad dramática de su ser. ¿Acaso el azar? (Un coup de dés jamais n'abolira le hasard.) Lo que resulta sea verso o collage, separados o coligados, siempre tendrá un aura poética. El proceso de unificación se cumple dentro de un orden onírico. Sus imágenes obsesionales: ojos, relojes, lagartos, instrumentos cotidianos, mujeres en estado sonambúlico, negros, paseantes atormentados por su extravío, se conciertan, se vivifican, recuperan sus raíces primordiales. La "deconstrucción" se realiza en la aplicabilidad metafórica y metanímica. Una batuta invisible organiza lo que en una cirugía quedará apenas como condiciones de una posibilidad remota. El poeta confiesa: "Cuando el animal de fondo sube la cabeza estalla".

Hemos sido los chilenos demasiado avaros en aquilatar la poesía de Zeller en verso; he estado releyendo su libro *Cuando el animal de fondo...* y encuentro hallazgos iluminadores, la presencia de una memoria que va más allá de reminiscencias y de olvidos, angustia ontológica, destrucciones, hallazgos de vetas escondidas en el lenguaje, una constante génesis, y una irradiación de esperanza en la virtud de la poesía considerada como misión.

Me alegro tanto de la presencia de Ludwig Zeller en la Feria Internacional del Libro de Guadalajara, como artista visual y poeta. Es una reivindicación. ¿Quién otro como él en América se ha cortado los párpados para clavar su mirada fija en algún significado oculto que contiene la legitimidad y justificación de la vida humana? Necesitamos disponer de la totalidad de su obra, ojalá que en dos o tres volúmenes, encuadernados en cuero de animal antediluviano, que nos den el conjunto de su riqueza iconográfica y de sus hallazgos líricos, el maravilloso ejemplo de su rigor y austeridad, y el singularísimo aporte que él hace a la creación cultural de América y del mundo.

1 de mayo de 1991, Santiago, Chile.

Humberto Díaz-Casanueva, Chile 1907. Uno de los grandes poetas de la generación de Pablo Neruda, Vicente Huidobro, Rosamel del Valle. Su obra, hermética y densa no ha tenido toda la difusión que merece. Existe una traducción al francés de Fernand Verhesen. Obras principales: *Vigilia por dentro* (1931), *El blasfemo coronado* (1940), *Requiem* (1945), *La estatua de sal* (1947), *Sol de lenguas* (1969) y más recientemente una antología anotada de Biblioteca Ayacucho.

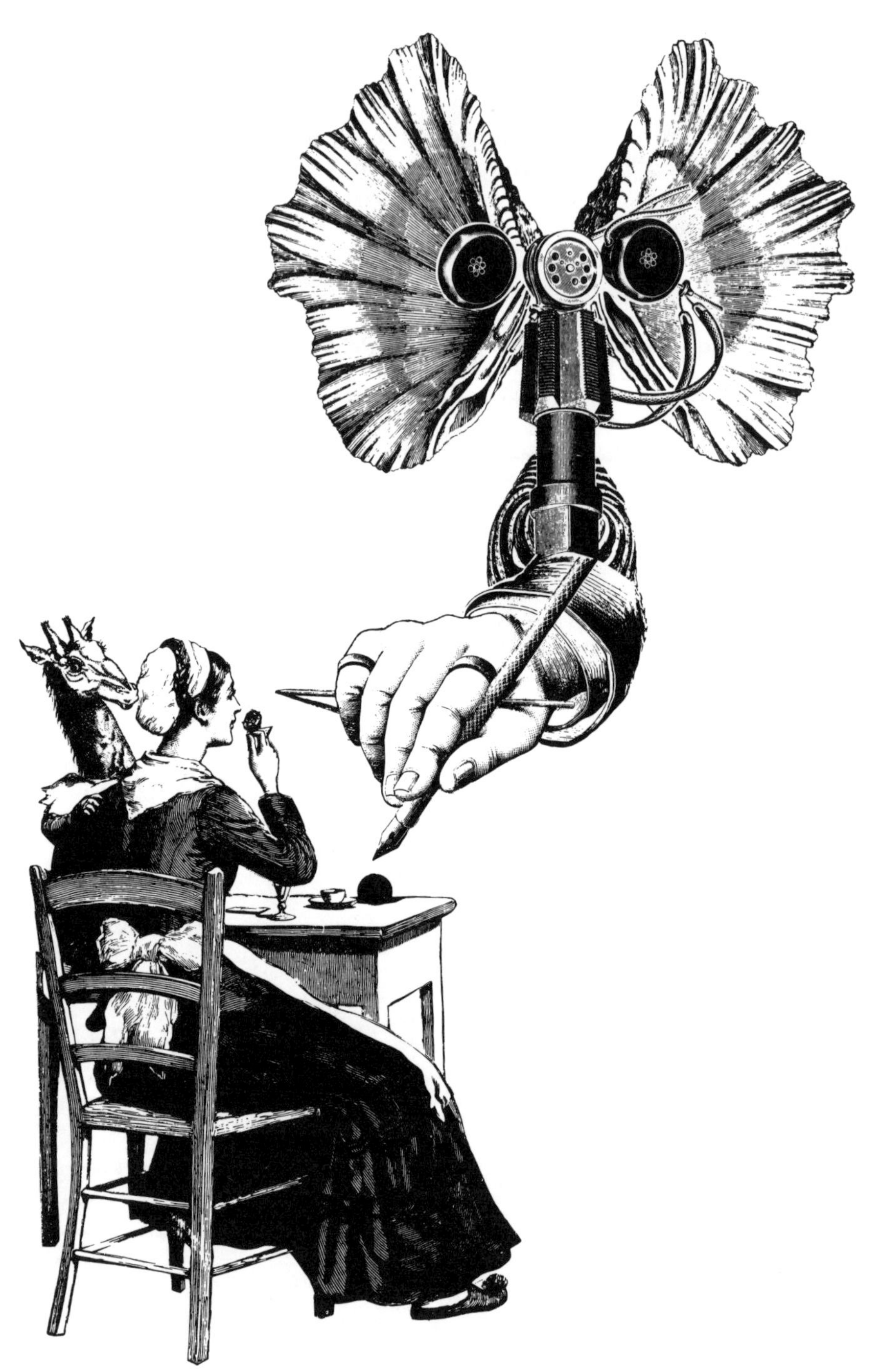

# Enrique Gómez-Correa

## LUDWIG ZELLER, CABALLERO DE LA ORDEN DE LA POESIA

Ciertamente, y si yo —recorriendo los estantes de una gran galería de metales— me propusiera identificar a uno de ellos con el poeta Ludwig Zeller, sin duda, eligiría al insólito, al único metal líquido a temperatura ambiental (no extremas), eligiría al azogue; ese *azogue* que, lanzado sobre la cara de un cristal, se transforma en espejo, liso, cóncavo, múltiple, reflejando por la cara frontal personajes, cosas y paisajes reales, extraños, pero mucho más reales y extraños los reflejados por la cara posterior. Todo esto unido a los poderes de su brillante imaginación, esa misma imaginación "que no perdona" como lo afirmaba André Breton.

Ciertamente es ese espejo maravilloso que lleva Zeller desde su infancia y que es el espejo del desierto hecho con la visión de los cielos más claros del Hemisferio Sur, con metales sedientos de sangre, con sales que de tanto mirar la infertilidad se tornan fertilizantes, con el yodo exclusivo, con piedras calcinadas por el sol, con tierras multicolores, con arenas que auguran el destino con grandes espacios, con prolongados silencios, con soledades que conducen al delirio, pleno de símbolos, de enigmas y, a no más dar, debajo de las turbulentas y alucinantes olas del inconsciente.

Con estos elementos, ¿cómo no crear un mundo fantástico, diferente, *no antes visto?*    Pues ése es el creado por Zeller a través de toda su poesía, de todos sus *collages* y, como quiera que sea, proyectando una cosmovisión irracionalmente racional.

Su entera adhesión a los principios del surrealismo ha sido natural, no retórica, ni postiza, ni arbitraria como a menudo sucede en la hora actual, porque en Zeller el surrealismo se da no sólo en la letra sino también en el espíritu. Sus imágenes — poéticas o plásticas— en relación al mundo que nos rodea, al mundo cotidiano bullente de mediocridad y confusión— son siempre *otra cosa*, porque él crea. Las viejas y gastadas utopías se han derrumbado y se hace necesario inventar nuevas utopías (y tal vez nuevos mitos) para recibir al Tercer Milenio.

No me salgan a mí repitiendo la vulgaridad del *granito de arena* al referirse al aporte que ha hecho Zeller al mundo poético y artístico de nuestros días; no, su aporte significativo corresponde a las arenas de una playa o a las de un desierto con todas sus bellezas, oasis, y espejismos. Por eso yo le llamo *Caballero de la Orden de la Poesía*, con sus vínculos invisibles con la magia y la alquimia que lo capacitan para todo transformarlo, hasta para acunar al *niño de los deseos* tan grato a los alquimistas y que me hace recordar al cinabrio, cuna del sorprendente azogue.

Libertad y amor recorren de una punta a la otra toda la obra del notable poeta que es Ludwig Zeller, cuyas raíces, a no dudarlo, siempre están presentes.

En sus andanzas caballerescas por la vida y por el mundo (físico y onírico) también ha sentido el dolor, el terror de la muerte, la angustia de perder al ser querido y, como Orfeo bajando a los infiernos en busca de su amada Eurídice, Zeller ha escrito en la desesperación:

> *Tú mi vida Aloyse Aloyse tú mi muerte*
> *Tú eres esa la llaga inolvidable*

Ciertamente, Ludwig Zeller, con ancestro de selva o mar, eres el desierto que te sigue como la sombra al cuerpo y que guardas admirablemente en tu corazón de poeta.

Santiago de Chile, Mayo 7 de 1991.

Enrique Gómez-Correa, Chile 1915. Fundador junto con Braulio Arenas y Teófilo Cid del grupo *Mandrágora*. Su extensa obra poética que alcanza más de veinte volúmenes es un testimonio preciso de lo que es posible elaborar con los instrumentos descubiertos por el surrealismo. Sus principales antologías son: *El AGC de la Mandrágora* (1957), *Poesía explosiva* 1935-1973.

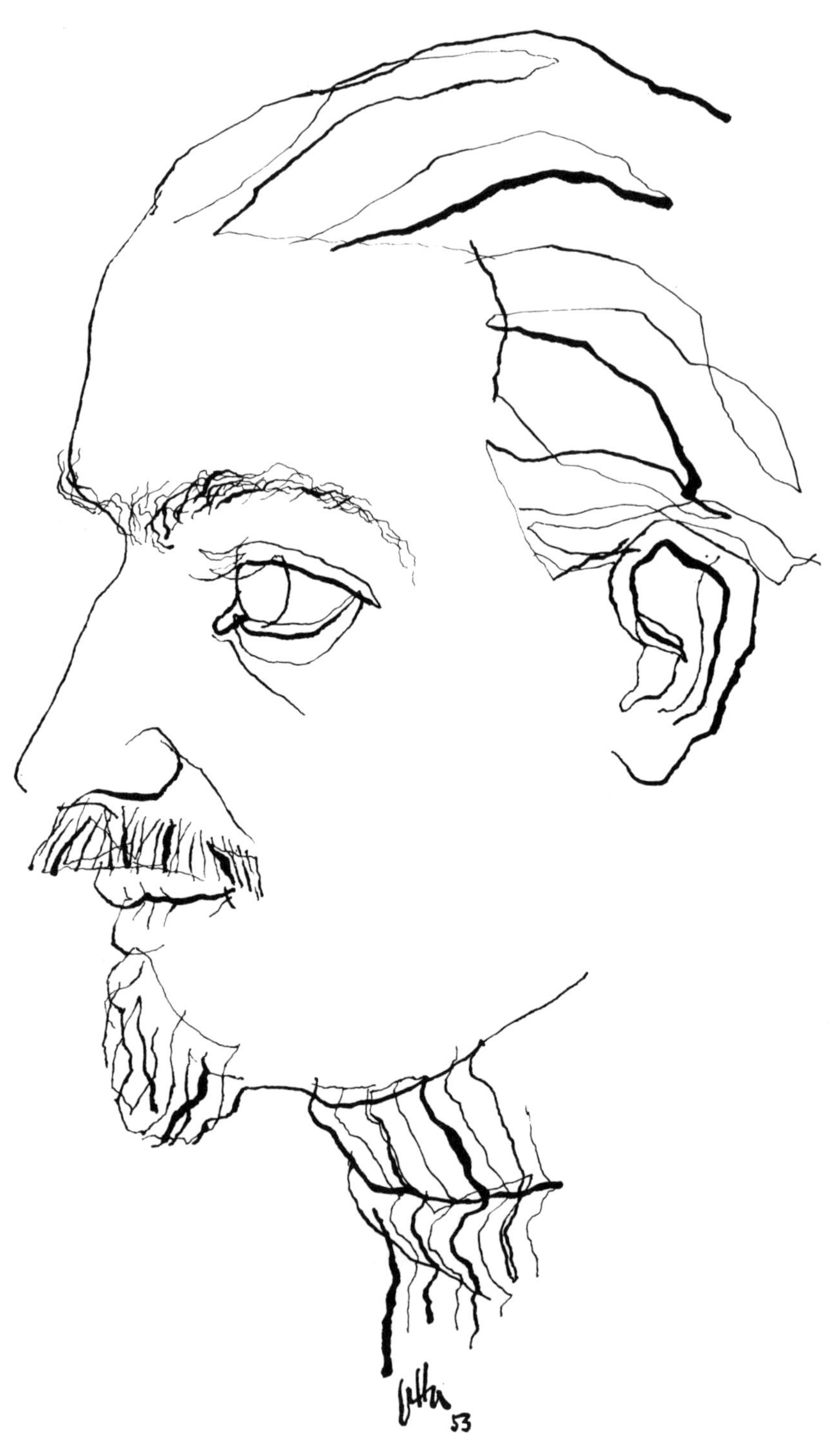

# Hugo Goldsack

# LUDWIG ZELLER, POETA MAGICO

Conocí a Ludwig Zeller en Santiago de Chile, allá por 1946, o quién sabe si un poco antes. Era, en aquel tiempo, un adolescente de extraña catadura y personalidad nada fácil de escudriñar. Sus ojos, que creo azules, acostumbrados como estaban a planear sobre los infiernos imaginarios de Baudelaire y de Rimbaud, habían llegado a adquirir un frío reflejo metálico que él cultivaba con amor de jardinero. Sin embargo, no era difícil descubrir detrás de aquella apariencia demoníaca una ternura casi evangélica y una honda aspiración moral que no encontraban, para expresarse en plenitud, otro inconveniente que su juventud, por aquel entonces excesiva.

Era ese Ludwig Zeller, que intento abocetar, de físico más bien menguado y muy cargado de espaldas. Siempre se le veía por el barrio de San Diego, que es donde se alinean aún, como en una feria alucinante, las librerías "de viejo o de lance", es decir, "las bouquineries" santiaguinas. Con cuatro libros en los bolsillos del envejecido gabán, tres bajo el brazo y uno literalmente pegado a la nariz, recorría la gran ciudad, inmerso en su mundo maravilloso, donde oficiaba de pontífice máximo el Conde de Lautréamont.

Nos conocimos en los azares de la intensa vida bohemia de aquellos días y surgió, así, una entrañable amistad, que perdura a pesar de la manifiesta divergencia de nuestros destinos. Recuerdo que en un viejo café, cercano a la Estación Mapocho, me contó una noche cómo la vocación lírica le había hecho saltar del Seminario al tráfago multitudinario del siglo. Otra vez lo ví desafiar interpérrito, el escándalo burgués de las gentes con un gran paraguas, abierto bajo el sol de enero, que en aquellas latitudes es el mes clave del verano. En alguna ocasión, en la Plaza Brasil, me habló de sus poemas, donde, bajo un satanismo más o menos epidérmico latía una apasionada voluntad de renovar los gastados moldes de la palabra poética, aprovechando las valiosas experiencias del surrealismo y un fervoroso deseo de hacer de la poesía un instrumento mágico de la sabiduría esencial. A través de aquellos poemas, que leía con monorítmica gravedad de salmodia, se adivinaba una dolorosa encuesta al destino y la huella de muchas noches junto al Viejo Testamento, al Libro de los Muertos, a las más antiguas teogonías.

Años después, ya maduro, se casó con Wera Zeller, delicada flor de los jardines centroeuropeos, con quien realizó trabajos de mucho aliento, entre otros una traducción de las "Grandes Elegías", de Hölderlin, que la crítica trató con justicia, esto es, con entusiasmo. La antigua bohemia fue reemplazada por un hogar purísimo, que participa, a la vez, de las cualidades mejores de una casa pequeño burguesa, de un laboratorio y de un monasterio. Hijo de alemanes, Zeller ha heredado esa paciencia germánica que tan peregrina nos resulta a los latinos como yo y ustedes. Esto explicará su fabulosa memoria bibliográfica, su pulcros ficheros, sus colecciones de grabados y sus carpetas, desbordantes de apuntes, traducciones, ensayos y poemas. En cuanto a su desempeño civil tengo entendido que todavía es Comisario de la Sala de Exposiciones del Ministerio de Educación Pública de Chile.

Este es, en breves y deshilvanados trazos, el poeta que acaba de enviarme, desde Santiago, su último libro, que lleva un título por demás sugerente: "Exodo y otras soledades". Amén de sus méritos intrínsecos, este volumen tiene otro no menos estimable. Constituye, en esencia, una antología de las obras que ha publicado desde 1950, tales como "Los elementos", ilustrado por Francisco Otta, que apareció en 1953; "Las marionetas", que datan del 57; "Sed sobre el cuerpo", ilustrado por Otta y Herrera y prologado por Dámaso Ogaz, que es uno de los poetas más serios de la joven generación chilena, y otros que vieron la luz pública en fascículos o revistas.

Me parece una buena idea esta de antologar toda aquella labor, entre otras cosas porque Zeller, que además de bibliógrafo y bibliófilo —y de los temibles—, ha editado varias de aquellas obras en esas que llaman "ediciones privadas", las que raras veces trascienden el cerrado círculo de los íntimos. Ahora, su mensaje podrá sumarse al coro de esa joven poesía chilena, que ya tiene bastantes méritos como para considerarse legítima heredera de Vicente Huidobro, Pablo de Rokha, Pablo Neruda, Humberto Díaz- Casanueva, Rosamel del Valle, Julio Barrenechea y Juvencio Valle.

"Exodo y otras soledades", que dedica a su esposa en bellísima frase ("A Wera, estas imágenes hechas de sueño y polvo"), recogen, a veces íntegros, los textos de sus libros anteriores. La selección inicial es de la obra que da título a este volumen. El epígrafe escogido nos ofrece una llave segura para adentrarnos en la esencia de esta primera gavilla. Está tomada de Poe, y dice: "¿Estamos condenados a girar siempre en las tinieblas, sin alcanzar jamás las costas de la eternidad?"

Este mismo grito del alucinado de "Anabel Lee" quebranta la garganta de Zeller en "Exodo":

> *...Otros fueron tus siervos, Señor: humo sobre el día*
> *y llamarada en la noche, tu báculo de fiebre los guiaba.*
> *Empero, ¿alzáronse ellos de las tumbas?*
> *¿Vieron acaso tu ciudad?  ¿Bebieron de tus aguas?*
> *Solos estamos y el ojo excruta en vano*
> *el corazón, la noche donde florecen los enigmas...*

Desdoblándose, mira desde un ángulo exterior a los de su estirpe, a los sedientos de infinito y certidumbre, y dice con desaliento:

> *...ellos se aprestan a morir en las llamas infinitas,*
> *vueltos los ojos hacia adentro...*

Los gritos siguen restallando en la noche:

> *...¡Polvo y recuerdo nos persiguen!...*
> *...la lengua está pegada a las heridas,*
> *ninguna agua logrará ya saciarnos...*

La impetración final cierra dignamente el doloroso tránsito de estas estrofas:

> *...Apártame de las cosas de este mundo*
> *aléjame de este valle en que giran cadáveres.*
> *Divino, escucha a tu corazón, pues yo lo siento:*

> *¡él llora en sueños!*

De un tono semejante es el poema intitulado "Del tiempo". El sentimiento de las destrucciones inexorables sigue comunicando a su voz ritmo de lenguaje profético:

> *¿Qué se hicieron los míos, los que tú marchitaste,*
> *los que yacen para siempre en el desierto?*
> *¿Y aquéllos que tendían, interminablemente, tibios*
> *hilos de arena?...*

Así, caminando a tientas, "mientras sopla el viento en calles que no existen", se le sube a los labios la suprema petición.

*...déjame ser, entre aquellos que lloran, ríen y se contemplan,*
*dulzura de los ojos que he adorado.*

El lenguaje de Zeller constituye un hermoso y logrado intento de aproximación a los primitivos. Hombre de clara ascendencia romántica (y germánica, si hemos de ser precisos), su voz rehuye por sistema la ordenación racional. Ella se nutre de vivencias depositadas más abajo de los fáciles esquemas ideológicos. No se siente lograda sino cuando la imagen estalla, desde el fondo, como una síntesis milagrosa de la emoción y de instintos crudamente primarios. Se dijera que su aspiración máxima sería poder hablar en la lengua esencial de los ritos totémicos, lejos de toda interferencia retórica. Como en las viejas religiones, para él la palabra tiene virtualidades mágicas, cuya eficacia habrá de lograrse agrupándolas en fórmulas de cábala; repitiéndolas lentamente al oído del corazón. De allí la importancia que adquieren, en su verbo, los vocativos de intención mágica: "Divino", "Oh, Resonante", "Oh, Silenciosa"...

Esta misma voluntad de retorno a las fuentes del hombre ingenuo de los primeros días se refleja en el paisaje de sus poemas. Ni la urbe moderna, ni el seco perfil del rascacielos, ni el infierno sonoro de las fábricas. Nada de eso. Sus personajes, febriles y como arrancados de un cuadro del Greco, vagan por desiertos bíblicos, ven a lo lejos la pira de los antiguos sacrificios, avistan en el horizonte los muros blancos de viejísimas ciudades. En "Piedra para soñar" dice a la desconocida que ama:

*...Tú que fuiste vendida por llama en Babilonia*
*y cuyo recuerdo duele como una quemadura...*

A veces, en este mundo particularísimo, resuenan ecos modernos. Se trata de lejanas reminiscencias de poetas que coinciden, en lo esencial, con su propia postura. Así, en "Casa de infancia", presentimos la sombra de Humberto Díaz-Casanueva, especialmente el de "Vigilia por dentro":

*...A veces me despierto y alguien llama en lo oscuro,*
*algo aletea en las cerradas tumbas, algo se marchita;*
*entonces puertas se abren y bajo a las tinieblas*
*en busca del fantasma que vigila los sueños...*

"Los elementos" fue un tomito de sólo cuatro poemas inspirado en la frase del oráculo de Delfos: "Escucha en el rumor los elementos... fuego... tierra... aire... agua... esencias de la vida, sutil sombra del alma". Zeller ha tenido el buen criterio de reproducirlos todos, para no romper la unidad del conjunto. En "Fuego", el acento recuerda el acento de los textos sagrados egipcios...

> *Porque te he visto, porque te he esperado en la gran noche,*
> *¡Oh, Resonante! ¡Verbo! ¡Príncipe de la Luz!*
> *Tú esparcías hogueras en lo alto, tú devorabas*
> *los antiguos soles de mirar cansado, llama-mujer,*
> *saeta de la gran piedra negra...*

En "Tierra", alcanza ese todo de los filósofos presocráticos, que antes de especular racionalmente parecían ser más bien instrumentos de extrañas revelaciones:

> *...ánfora, valle natal para los poderosos,*
> *encantada semilla, misteriosa, sedienta...*

"Aire" recuerda los mejores momentos de Mallarmé. Acaso su "tañedora del silencio", cuando lo define así:

> *Invisible laúd, diamante de los siglos,*
> *¿quién desgrana los dedos en las cuerdas?*
> *¿quién te llama en silencio?...*

El ánima, ya que no la forma, de Garcilaso fluye en "Agua":

> *Eternamente os siento, puras, aladas, cristalinas lágrimas*
> *del desear. Labios en movimiento. Amor inmóvil...*

Este poema, acaso el más logrado de aquella colección, corola bellamente

> *¿Escuchas? Solloza una mujer junto a la fuente.*
> *¡Samaritanos, olvidemos las ánforas!*
> *Sobre el astro de fiebre cae el agua.*

Zeller ha dedicado "Las marionetas" al poeta Rolando Toro, que cuenta también entre los buenos, aun cuando creo que no publica todavía. Este libro está dentro de una tónica limpiamente romántica:

> *Veinte años he buscado los bruñidos*
> *cristales, los puros, que vibraban*
> *al rumor de las alas que acaricia el silencio,*
> *los labios que entreabriéronse al lenguaje*
> *de la Divina Imagen...*

> *("La abandonada a los espejos")*

*¿Volveremos tal vez?  ¿Existen otras vidas
donde poder hallarte?  ¡Ay! ¿Escuchas?  Hilos tiran
de la mano que corta las espigas...*

*("Arcano Seis")*

"Sed sobre el cuerpo" es un solo poema y de los definitivos en la obra de Zeller.  Ya cuando apareció por primera vez, en forma de fascículo, llamó la atención de los amigos de la buena poesía.  Para medir la calidad de sus logros, que se suceden en jubilosa carrera de asombros, transcribiré sólo algunos:

*...¿Qué viento mueve, oh pura, la raíz de la sangre?
¿Qué mares entrechocan cuando
brilla en relámpagos tu cuerpo sobre el mármol...
...¿Qué persiguen tus manos
cuando gimes en sueño?
...¡Ah tener tus manos y no conocerlas!...
...una playa pulida por los besos,
oigo llorar el mar...*

"El jardín de los deseos" es el cuarto libro antologado y responde a un loable afán de verter en odres nuevos el maravilloso fervor erótico de los viejos "divanes árabes y persas".  Al igual que "Sed sobre el cuerpo", los deslumbramientos de la vida elemental le arrancan, al mismo tiempo, alborozadas profesiones de fé y alaridos de la más desconsolada incertidumbre:

*...Mujer
dime, ¿aún recuerdas el verdadero lugar,
el vacío perfecto donde florece la semilla de la sangre?...
...Pero, nosotros, ¿podremos decir "recuerdo"
cuando el rayo nos toca, y suceder "es", y el polen
es dispersado por las abejas ebrias del mediodía?*

*¿Qué si no volveremos jamás y la piedra es quemada
por los enigmas del cuadrante?...
...esa que sueña cuando las estrellas
caen hacia el Este y despierta llorando;
la que baila sonámbula en las ferias;
la que ama más allá del amor y sobrevive
entre estatuas de polvo;
la que ignora la fuerza y muere a filo de espada;
la que se entrega por amor, siendo eterna, a los efímeros;
aquella que es el enigma y la respuesta,
esa mujer...*

En "Exploración de la noche" alientos telúricos de la tierra chilena estremecen su verbo, comunicándole un nuevo acento, en el que ojalá insista alguna vez. Por ejemplo, el horror de los desiertos nortinos (o norteños como dirían otros), le hacen definir aquellos pueblos abandonados, aquellas tumbas de indios, aquellos caseríos castigados por el sol del día y las gélidas neblinas nocturnas, en esta frase exasperada:

> *...pez de terror, llamas heladas, cántaros*
> *desollados de sed...*

> *("Extranjero a las puertas de Tolopampa")*

Ese mismo hálito sonámbulo, jadeante del Neruda de las primeras "Residencias", sopla en este pasaje de "Sobre duros navíos":

> *...labios comidos por la sal, el viento*
> *mueve en la noche sus antenas, grita, baja*
> *en plumas de nieve hasta la piel del agua*
> *que parpadea, enciéndese, deslízase*
> *en los ojos que vagan sobre el mar...*

Dentro de su estilo personalísimo, Zeller empalma con la tierra en estos poemas finales, los deja empaparse de ese fluido que se huele en todos los auténticos y anticipa hallazgos dignos de su honestidad literaria.

En resumen, "Exodo y otras soledades" es algo más que un libro hermoso, original y valiente. Es un libro necesario. Precisamente por esa su ardiente inquietud metafísica, por su dramática preocupación religiosa y por su afán de actualizar viejos procedimientos y palabras legendarias, incorporándolos al lenguaje vivo de nuestro tiempo, Zeller ha venido a completar la gama tonal de joven poesía chilena, en la que este tipo de desvelos no es frecuente. Un hecho de tal naturaleza no puede menos que alegrarnos, puesto que el mundo de habla española es uno, y no puede sernos indiferente cualquier paso positivo que alguien dé en su ámbito. Sobre todo si esto ocurre en un país cuyos aportes a la poesía castellana en los últimos treinta años son fundamentales.

Hugo Goldsack, Chile 1917-1989. Poeta, ensayista y periodista. Escribió libros como *En torno a cierto fuego, Elegías de Ilor* para responder a estímulos y problemas que se le planteaban a lo largo de su vida. Vivió en distintos países sudamericanos así como en España ejerciendo su labor como periodista en la que destacó llegando a ser Premio Nacional de Periodismo. De los dos artículos que se incluyen en esta antología este fue publicado en Cuadernos Hispanoamericanos (Madrid, Abril, 1959, No.112), bajo el seudónimo de Dimas Corabia. Hemos incluído ambos por dar una semblanza de Zeller a 20 años de distancia entre uno y otro.

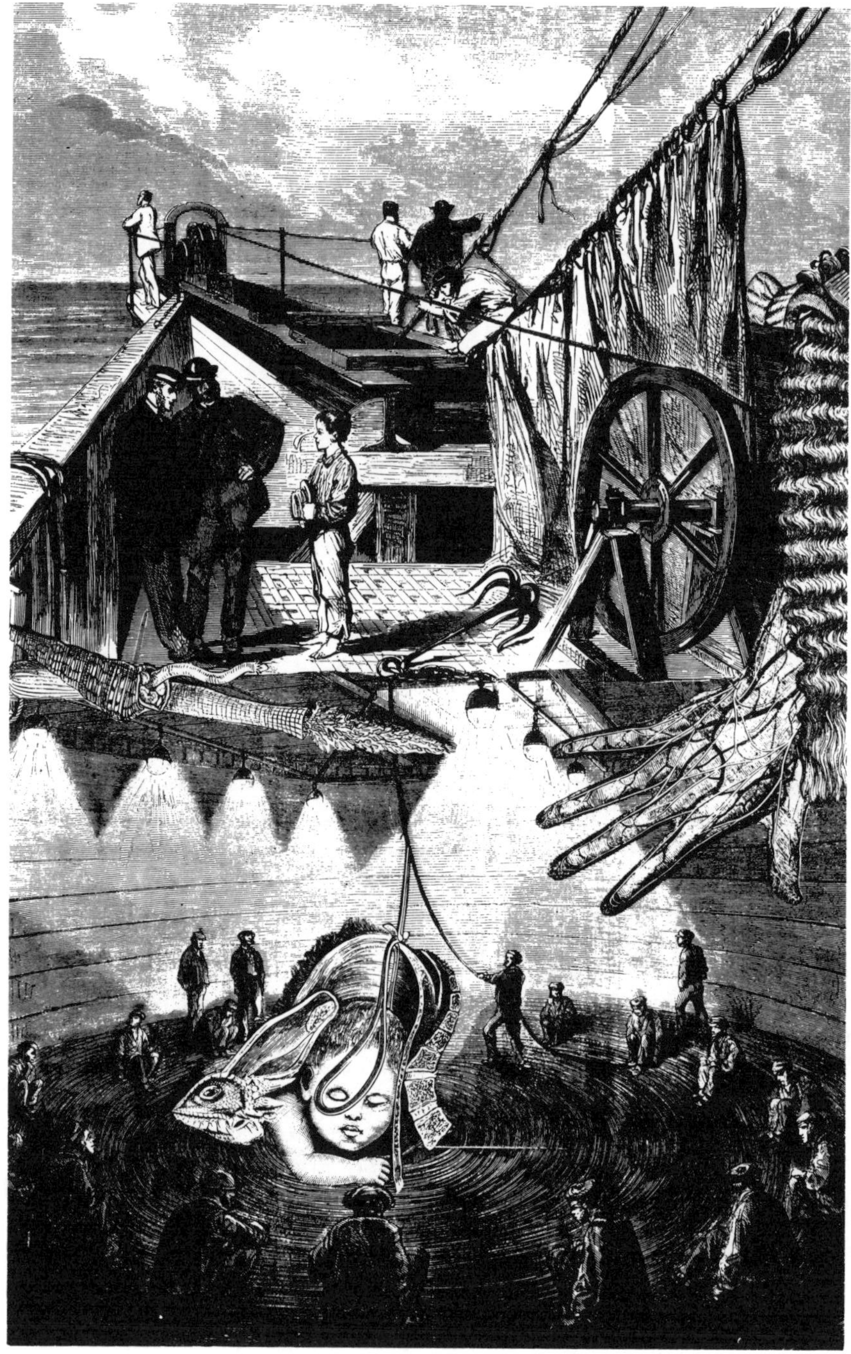

# Hugo Goldsack

# TRIPTICO DE LA SORPRESA

### I. Los magos llegan sin aviso

Nada se parece tanto a la muerte como las ausencias demasiado prolongadas en el tiempo. De tanto conjugar a los ausentes queridos en pretérito imperfecto (reía, contaba, decía, era...) uno termina por ascenderlos a la esfera de una muerte muy especial. Menos desgarradora, sin duda, que la otra, pero igualmente irreversible y definitiva. Hablamos de ellas o de ellos como de seres que durmieran por efecto de una catalepsia total, bajo las nubes tenaces de algún cielo extranjero.

Tal vez esta reflección ayude a comprender la magnitud del asombro que experimenté aquella mañana, cuando del otro lado del citófono una voz ancilar me comunicaba:

—Un señor Ludwig Zeller quiere hablar con usted.

Como si al conjuro de aquel nombre —de tan teutónica apariencia— todos los potros de mi lejana y delirante juventud se dispararon en una jubilosa estampida, de golpe cobraron alucinante presencia tantas dulces mujeres de antaño, tantos versos de Aloysius Bertrand o de Milosz, tantas madrugadas bohemias entrevistas a través de un morado temblor de vino... Diez años hacía, sin embargo, que Zeller, del brazo de su incomparable Susana, se había exilado voluntariamente de Chile, para seguir soñando despierto en el remoto Canadá. Salté de mi asiento y corrí a recibirlo.

Sorpresa sobre sorpresa. Frente al ascensor estaba el mismísimo Zeller de la otra década, como si el oneroso impuesto del tiempo, que todos los modestos mortales pagamos, no contara para él. Como siempre, allí estaba, un poco cargado de espaldas, de barba freudiana, desmesurado de frente, sonriendo detrás de sus gruesos anteojos, con esa picardía azul que lo mismo puede provenir de Dios que del Diablo, sonrosado como angelote del Barroco, desafiantemente antiatlético, a la vez que soportando el peso abrumador de un descomunal y atiborrado maletín tipo "diplomático" que dejaría exhausto a un campeón internacional de levantamiento de pesas... Ni más ni menos que hace diez años. ¿Pacto con el Malo? ¿Desconocidas virtudes terapéuticas del delirio?

### El humanista perfecto

Quizá no lo sepamos nunca, pero lo cierto es que Ludwig Zeller, uno de los casos más extraordinarios de humanista perfecto que se haya producido entre nosotros—poeta surrealista, de alto vuelo, pintor onírico, creador de un nuevo estilo del collage, maestro del recorte en papel, experimentado comisario de exposiciones, editor refinado y singularísimo, demonólogo de rara erudición y psiquiatra aficionado de audacia rayana en la temeridad— estaba allí exactamente igual como antes, como si nos hubiéramos dejado de ver solamente ayer.

Después del efusivo abrazo, con su voz lenta y litúrgica, me dijo, enmarcando significativamente una de las cejas al estilo de Belcebú:

—Quería darte una sorpresa de esas mayúsculas y me alegro de haberlo conseguido. Por lo demás, prosiguió diciendo, tú, hace años me debías una como ésta, de modo que ahora estamos en paz.

Los dos reímos. Era cierto. Hace veinte años yo le comenté su hermoso poemario "Exodo" en "Cuadernos Hispanoamericanos" de Madrid, donde vivía firmándolo con mi seudónimo Dimas Corabia, y se lo despaché a Santiago sin ni siquiera la mención del remitente. Zeller anduvo varios meses indagando y quebrándose la cabeza por saber quien era ese comentarista que lo había calado tan bien y tan a fondo sin conocerlo... Cuando regresé, años después, y rompí el largo suspenso, recuerdo que se rascaba la desmayada cabellera diciendo:
—¡Cómo no te reconocí el estilo, bandido...!

### II Sirenas, delirios y tijeras

Ludwig Zeller es un caso singularísimo de artista. Obsesionado por la poesía, que se le arranca por todos los poros, empezó a vivirla desde la infancia. Pero no sólo a través de la magia de la palabra, que, para el común de las gentes, es el lenguaje natural de la poesía, sino también con los juegos. Armado de una tijera y un trozo de papel, se tornaba un creador temible. Con una muchacha al alcance, y pese a su engañosa timidez, también. El resultado, era sin duda alguna, previsible. Llegó a ser una suerte de artista integrador o integral, que bucea, con audacia suicida y al mismo tiempo, en la pintura, la psiquiatría y el amor, para llegar a la dimensión desconocida de la poesía. De este modo, cuando hace un collage, con entusiasmo satánico y paciencia de monje benedictino, en el fondo está haciendo un poema plástico. Cuando ama está forzando las puertas del misterio, para mirar más allá de los ojos de la Esfinge y descubrir, a la vez, la esencia del amor, la pintura y la poesía. Juzgarlo exclusivamente como pintor es desairar al amante y al poeta. Hablar de la evolución del poeta es ignorar que sus collages la explican mejor que las pretenciosas proposiciones de la retórica. Reducirlo a categorías literarias o plásticas y dejar de mano la mujer como origen y teología de su creación, es profanar a esa verdadera institución universal que es Ludwig Zeller.

### El niño y el desierto

Para los amigos de clasificaciones y escalafones, eso está mal. Para los que saben que, en esencia, el arte es, por encima de sus diferencias formales, uno sólo, y que el mejor artista es por lo general, el más universal y más completo (Leonardo, Goethe), eso está muy bien. Dos días después de su insólita aparición en mi oficina, nos reunimos a conversar largo sobre estas cosas, mientras nos restaurábamos con estos vinos y condumios que Chile produce tan generosamente.

—¿A qué edad te sentiste marcado por la bendita maldición de la poesía?

—Mira: era muy niño cuando tuve la sensación de ser, no diré poeta, sino distinto a los demás. La causa fue el desierto. El inmenso, desolado, selenítico desierto del Norte de Chile. Porque —tú sabes—, yo nací y me crié en un reseco villorrio paradojalmente llamado Río Loa. En mi pieza había una ventana que miraba literalmente a la nada. Hasta donde la vista se perdía, tierras y pedregales donde jamás florece una hierba. Allá muy lejos, como en un cuadro de De Chirico (en versión americana por cierto), las ruinas de una casa de adobes, abandonada hacía largo tiempo. Más allá unos cerros que cambiaban de color según el paso de las horas. Y encima, un cielo imperturbable, devorado por el sol implacable de la pampa salitrera. A mediodía, aquellas lejanías se poblaban de lagos tersos, ríos rumorosos, bosques, ciudades, pájaros en vuelo. Pasado el mediodía, aquellos mirages desaparecían y la soledad volvía a echarse sobre el desierto.

—¿De modo que aquellos espejimos fueron tu escuela de eximio collagista?

—¡Qué duda cabe! El desierto me enseñó a tomar un papel blanco y poblar la nada de seres y objetos mágicos, capaces de aparecer y desaparecer incesantemente. El desierto me enseñó a jugar un poco al Supremo

Hacedor y me insufló la certeza de que al Creador nada le es imposible. Con este entrenamiento aprendí a liberar, día a día, miríadas y miríadas de imágenes que dormían en mi subconciente, y a otorgarles visa de existencia sea en la poesía o en el collage.

### Sueños, collage y poesía

—En la catarata incesante de imágenes de tu poesía y en el dramático juego de tus preguntas obsesivas sobre el qué y el para qué de la existencia que no afloja su secreto, yo no veo sino una transposición del collage a la poesía. Un verdadero collage lírico. ¿Qué piensas de esto?

—Si el creador es el mismo en la poesía y en la pintura, es natural que haya una secreta correspondencia entre los modos de expresión que utiliza en cada una de estas artes.

—Has dicho que el desierto te enseñó a jugar al Hacedor. ¿Y no crees que el Hacedor, a la vez juega contigo?

—Posiblemente toda la realidad sea ilusión. Mirages. Sombras que no se adhieren al muro del tiempo y el espacio. Estoy seguro de que nosotros somos soñados por otros seres. Yo trabajé tres años con la doctora Helena Hoffmann en investigaciones de psicología profunda. Se trataba de agotar las posibilidades de conocimiento a través del llamado "sueño vigil dirigido", aplicando las técnicas de relajación de Schulz. Allí comprende uno que los sueños son algo más que símbolos sexuales. Jung y la Escuela de Viena demostraron que detrás de los símbolos se esconde un mundo tremendo, apenas entrevisto aún.

—¿Qué haces tú para aprovechar esa fabulosa cantera que te ofrece el subconsciente en la elaboración de tu poesía y tu plástica?

—Desde luego, vengo —desde hace años— anotando mis sueños y afinando mis facultades, en particular mi intuición, para descubrir sus claves, sus relaciones, sus contenidos. En general, pienso sinceramente que no hay poesía ni plástica sin un previo atesoramiento, manejo y experimentación en elementos simbólicos, extraídos de la inagotable cantera del subconsciente.

### Cuando cada libro es una joya

Mientras conversamos, Ludwig Zeller ha ido colocando sobre una mesa y abriendo al azar las páginas de algunos de sus libros recientes. Se trata de ediciones de una calidad y belleza sorprendentes. Hay, por ejemplo, uno con una subyugante portada en rojo, en el centro de la cual brilla un ojo de cíclope entre frutos seccionados, guantes de cuero, falos y coquetos lazos de señoras del 900. Se trata de su hermoso poemario "Cuando el animal de fondo sube, la cabeza estalla", ofrecido, a la vez que en castellano, en inglés y en francés, e ilustrado por una serie de collages

que cuentan entre los más expresivos y logrados del poeta-pintor.
   De paso leemos:

*Cada cual alimenta sus vicios hasta el punto*
*En que el turbión lo arrastra como arenque*
*A la tina de sal.  De allí el cuerpo no sale*
*Sino resplandeciente, limpio ya de la piel*
*Por la que ardía, pero su paso es ágil*
*Cuando apenas rozando los objetos, da en el vaso*
*De venas que palpitan y las húmedas ramas*
*Ya no le reconocen sino por esa luz que dan las líneas*
*A la amada perfecta.*

*Allí estará soñando*
*Disfrazada de antaño, en un balcón de polvo*
*Que ha dispersado el viento...*

Y títulos tan sugestivos como "Ultimo puerto del Capitán Cook", "Aserrar a la amada cuando es necesario", "Louis Wain y los gatos" o "Un sueño repetido, ¿es sólo un sueño?"
   De sus poemarios "Nómades en el mándala", "Los espejos de Circe" y "Visiones y llagas" trae una edición bilingüe integrada por seis cuadernos presentados en una caja transparente.
   Nos muestra, asimismo, un cuaderno muy fino con su poema "Mujer en sueño", el mismo que no hace mucho le vertió al inglés Estela Lorca y que es, sin duda, un canto destinado a sobrevivir:

*Ese polen más tibio que durazno sin piel*
*Donde me esperas cayendo por las duras espirales*
*Del miedo para subir para bajar al fondo de tus ojos*
*Escucho cómo vibran las ruedas zumbadoras el ramo*
*Que tú llevas sobre el corazón como plantas volcánicas...*

Otro de los volúmenes —In the Country of the Antipodes— ofrece una magistral "Introduction to the Poetry of Ludwig Zeller", por el poeta y crítico A.F. Moritz.  Además entre otros, dos excelentes apuntes del pintor-poeta: uno de Francisco Otta y otro (el de la página 25) de Susana.
   Por último Alphacollage, un alfabeto en que cada letra es una maestra del género. Un abecedario, en verdad para leer las baudelerianas "Letanías de Satán" o el "Gaspar de la noche".
   —Veo que has logrado materializar aquellos bellos sueños de nuestra juventud, cuando soñábamos en convertirnos en grandes editores de poesía, le digo.
   Sonríe, evocando: —Así es.  Y te aseguro que me conmueve recordar

aquellas esforzadas ediciones de antaño: los Poemas de Milosz, el Canto triunfal de Ramsés II, los "Cantos" de la Geisha Osen. En el Canadá, tierra de cielos fríos y corazón ardiente, encontré todo el apoyo y el aliento para poder hacer realidad aquellas fantasías. Gracias a un grupo de amigos entrañables y a la abnegada colaboración de Susana ha surgido la editorial surrealista Oasis, que ha lanzado ya veinte títulos, seis de los cuales son míos. Entre esos títulos, en que predominan, como es natural, autores canadienses y norteamericanos, hay también chilenos: uno de homenaje a Jorge Cáceres, con poemas inéditos que me entregó su hermana Mercedes, y otro de Rosamel del Valle, publicado gracias a la inestimable colaboración de Thérèse Dulac, su viuda. Espero lanzar, asimismo, uno de Humberto Díaz-Casanueva y otro de Enrique Gómez-Correa.

—¿Alguna tarea en Chile, aparte de exposición de collages?

—Colaborar oficiosamente al incremento de las relaciones culturales entre los artistas del Canadá y los de Chile. Allá hay vivo interés por saber más de la literatura, las artes plásticas, el folklore, la historia de Chile, y estaríamos dispuestos a intercambiar muestras de libros, cuadros, grabados, artesanías. Ojalá que estos buenos deseos encuentren acá el eco cordial que se merecen.

### III Los Milagros de Susana

La irrupción de Zeller en Santiago no puede pasar inadvertida en los medios artísticos y literarios. Menos aún si, como en la presente ocasión, el poeta-pintor ha movilizado desde Toronto una sugestiva y novedosa muestra de collages "a cuatro manos", realizados conjuntamente con Susana. La exhibición, que se efectúa en "Epoca", una de las buenas galerías santiaguinas, moviliza legiones de amigos y admiradores. Descienden de sus Olimpos exclusivos, ascienden de olvidadas catacumbas, vuelan, entrechocando rótulas, desde lejanos cementerios, se abren paso entre muchedumbres, fábricas, junglas y pedregales. Leopoldo Castedo y Carmen Orrego, que acaban de llegar de Nueva York, no se pierden la ocasión de abrazarlo. Ricardo Bindis, Víctor Carvacho y otros informados críticos, lo felicitan. Uno de los más caracterizados supervivientes de "La Mandrágora", Enrique Gómez-Correa, conversa animadamente con Antonio de Undurraga, que ahora preside el Pen Club que París reconoce. Samuel Román, ese pequeño Hércules que transforma las durísimas piedras andinas en mujeres al viento o soñando, no puede olvidar al comisario de su memorable retrospectiva, que ocupó una cuadra larga de la Alameda. Los rostros amigos se suceden en una multitud que se estrella y resopla bajo la ardiente noche del verano y los focos innúmeros. Es lo que un comentarista de vida social llamaría "un acontecimiento inolvidable".

## Paso a la ternura

También lo es artísticamente hablando. Ludwig y Susana han logrado una nueva dimensión del collage. Ahora ya no es sólo esa catarata alucinante de imágenes, arrancadas de las angustiosas penumbras de la pesadilla y el delirio, que trastruecan todas las leyes de la lógica y la física para instaurar un anti universo que tiembla entre la poesía y el pavor. Una mano suavísima y maestra, una mano de mujer, ha entrado sigilosamente en ese contramundo de los apocalipsis zellerianos, para ir amarrando, con el hilo casi invisible de su dibujo impecable, los elementos desacordes y los monstruos sueltos, obligándolos a bramar o llorar en coro y trascendiéndolos, a veces, de una dulcedumbre que jamás se hubieran sentido capaces.

Dibujante de una pureza que recuerda la neoclásica de Flaxman, pero liberada de todo lastre académico, Susana Wald completa orgánicamente el ciclo de la creación —o la recreación— zelleriana y lo corona jubilosamente y dignamente. Y esto que afirmo no son palabras, sino hecho concretos. O mejor, son palabras, pero apretadas de significación, lo que comenzará a hacerse evidente cuando establezcamos, como primer principio, que Zeller, al igual que todos los grandes artistas, parte de la presencia real o presentida de la mujer como síntesis maestra del mundo modelado por Dios.

De esta gozosa y deslumbrante realidad ha partido siempre la apasionada destrucción universal que el poeta emprende, descalabrando estructuras, escindiendo miembros, liberando cuerpos de su orden y contexto natural o lógico, para luego recomponer, con todo el material rescatado, las nuevas, sorprendentes e insólitas realidades, que él va haciendo surgir a golpes de imaginación, de alucinación, de intuición y de libido.

## La vuelta a Afrodita

Con la incorporación de los desnudos de Susana, que amarran con mórbida y elástica insistencia las imágenes enloquecidas, el ciclo creador de Zeller parece regresar, extasiado a sus orígenes. El poeta ha vuelto al regazo de Afrodita, pero ésta ya no es la misma. Las alucinantes incursiones de la poesía, corriendo en pelo sobre el lomo de fuego de la esquizofrenia, le han renovado la sangre y el fulgor de los ojos, detrás de cuya serenidad ahora cruzan relámpagos delatores de delirios y placeres aún inéditos para toda piel mortal.

*Mundo del Domingo (Las Ultimas Noticias)*, 6 de abril de 1980.

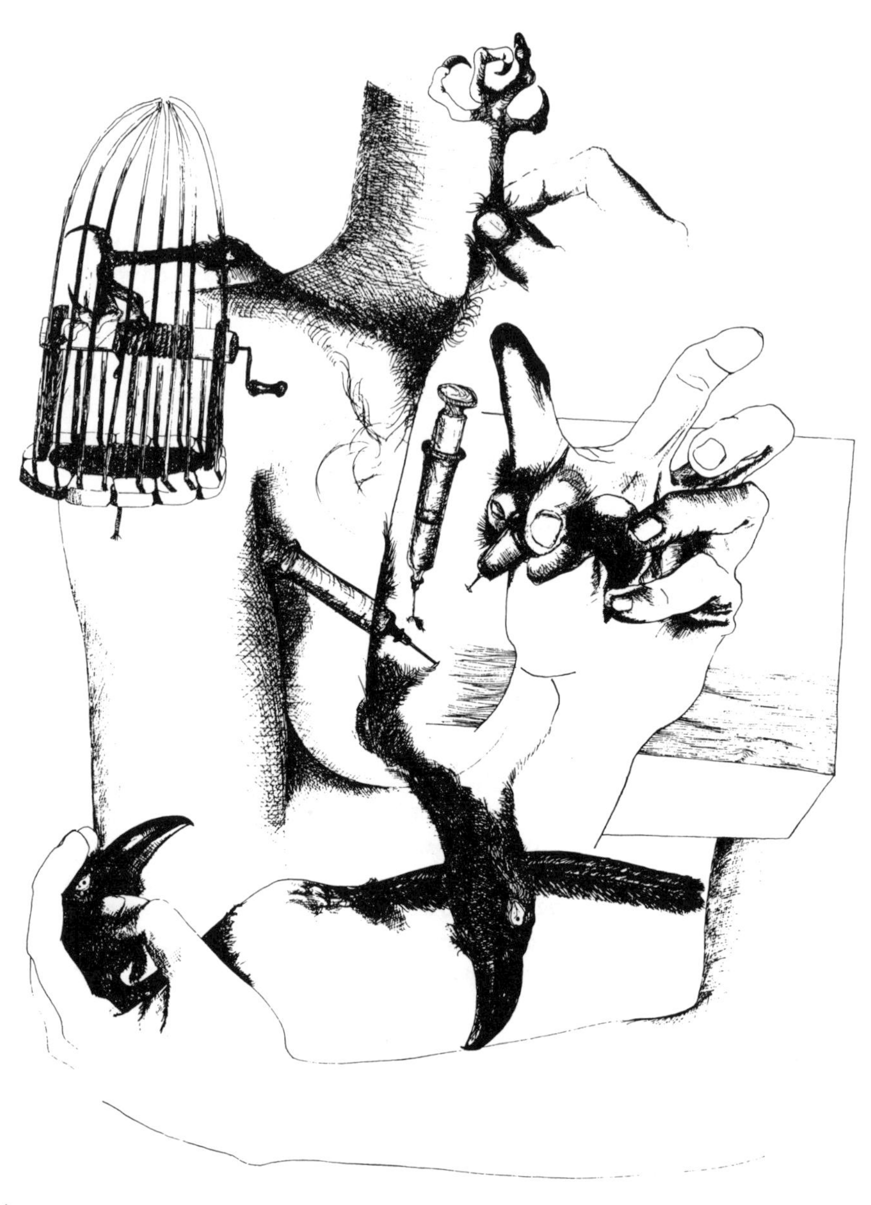

# Richard K. Curry

## RUPTURA Y CREACION EN LA POESIA DE LUDWIG ZELLER

Para Jeannie

*Estando en Cempoal... platicando con Cortés en las cosas de la guerra y camino que teníamos por delante le aconsejamos los que éramos sus amigos, y otros hubo contrarios, que no dejase navío ninguno en el puerto, sino que luego diese al través con todos y no quedasen embarazos, porque entretanto que estábamos en la tierra adentro no se alzasen otras personas, como los pasados... Y luego mandó a un Juan de Esculante... que de todos los navíos se sacasen todas las anclas y cables y velas y lo que dentro tenían de que se pudiesen aprovechar, y que se diese con todos ellos al través..."*

Bernal Díaz, *Historia verdadera de la conquista de la Nueva España.*

"Quemar las naves"... Esta expresión tiene su origen en un hecho histórico. Hernán Cortés, para independizarse del pasado lleno de celos y rivalidades encarnado en Diego Velázquez, gobernador de Cuba y para evitar que sus tropas, como intentaban, se volvieran a Cuba, hizo quemar las naves en la costa mexicana, obligando así a la tripulación quedarse. De esta manera pudo proseguir sin trabas con la exploración y conquista de un poderoso imperio de aztecas y otros indios que llegaría a ser la Nueva España. Históricamente, entonces, esta expresión, "quemar las naves", significó algo así como romper los lazos con el pasado para poder proseguir libremente con la épica conquista de nuevos territorios.

La poesía de Ludwig Zeller exige que volvamos sobre estos hechos históricos para acercarnos a ella, no necesariamente al nivel fenoménico de los poemas particulares sino más bien el nivel del proyecto estético que éstos implican. Tanto el título de una reciente antología[1] de la poesía suya como el de un volumen de poesía allí representada, *Salvar la poesía quemar las naves*, nos remite a la épica empresa cortesiana para empezar a penetrar su significado global. Rescatando las distancias temporales, espaciales y accionales, la poesía de Ludwig Zeller es, como ese título señala, una empresa parecida a la realizada por Hernán Cortés en la historia de la Nueva España. Esta poesía rompe con los lazos del pasado normativo estético para poder proseguir con la libre exploración de nuevos territorios de creación poética.

La ruptura en la poesía de Zeller es una dialéctica con una norma estética consistente con la concepción burguesa del arte que implicaría la utilización de elementos (rima, metro regular, léxico figurativo, etc.) necesarios para la creación de un "objeto artístico", un precioso objeto de consumo que existe aparte y paralelo al mundo "real". Esta concepción pretendería, además, que los constructos míticos de esa realidad convencional a ser imitados en la obra de arte son la razón, la lógica, el orden, la estabilidad, la permanencia, la unidad, la linealidad, etc.

Los particulares componentes de la poesía de Ludwig Zeller que son antitéticos a las normas convencionales se pueden categorizar en dos grupos generales: 1) los que se oponen dialécticamente a específicos recursos, normas y técnicas tradicionales o convencionales; y 2) los que son generalmente antinómicos a una concepción convencional y normativa del arte y/o del mundo.

Dentro de este primer grupo hay varios elementos que son obvios; la versificación, por ejemplo. Las líneas de la poesía zelleriana normalmente no llegan al margen, ni tampoco están organizadas en párrafos[2], lo cual crea una conciencia (al mismo tiempo que refleja la conciencia autorial) del género poético, pero poco más sirve para conformarse a las expectativas normativas genéricas. Es imposible determinar, por ejemplo, por qué los versos de Zeller no llegan al margen. Sus versos son esencialmente libres; empiezan y terminan dondequiera. Con frecuencia terminan abruptamente, al parecer sin ningún motivo sintáctico o semántico. De hecho, a veces estos cortes abruptos producen una ruptura de la sintaxis convencional o de la convencional unidad semántica. Veamos, por ejemplo, unos versos del poema "Los legionarios del placer" (123):

> *Reclinados se agolpan en elásticos muebles donde cae*
> *La leche como una catarata en el ojo del viento;*

> ...

> *Uno tras otro sueña avanzando en su propio*
> *Laberinto, sin saber que ahora presos son tan sólo*
> *Aquel émbolo de la locomotora sin sentido del sexo,*

Además, en la versificación de Zeller hay una ausencia de convencionales patrones métricos y rítmicos y de rima.

A nivel sintáctico, por ejemplo, el lenguaje poético zelleriano apenas se desvía de las exigencias sintáctico-gramaticales del paradigma lingüístico. El orden de palabras no se varía para lograr ningún efecto rítmico ni la rima. Cualquier rima versal que se encuentre no es producida por ninguna estructura retórica tradicional superimpuesta sobre el decurso extrapoético de las palabras, sino más bien se debe a una libre coincidencia creada por las exigencias gramaticales.

Aún la lectura más somera de esta poesía revela la ruptura con específicas prácticas de una puntuación convencional. Muy a menudo falta la puntuación donde una norma estilística convencional exigiría su empleo. Es muy frecuente que esta poesía ignore el uso normativo de la coma como, por ejemplo, en los últimos versos de "Salvar la poesía quemar las naves" (77),

> *Oigo mover los hilos en lo alto veo la luz pero no tengo párpados*
> *Sino un gurfio en la lengua calcinada el poema:*
> *Sus sílabas son mi agua mi pan bajo el relámpago*

La libertad aquí es absoluta porque otras veces la puntuación responde a las normas estandardizadas. Veamos, por ejemplo, los primeros versos de "Aquello que nos duele" de La cabeza de mármol (93):

> *Viejas fotografías que me cuelgan al roído gabán*
> *Desolladas por años, enganchan los recuerdos, casi roncas*
>
> *En papeles que el tiempo ha tornado amarillos.*

El criterio obviamente responde a la libertad individual.[3]

Si bien inspirados en las libertades logradas por los movimientos vanguardistas, postmodernos o bien personalmente únicos, estos elementos y otros de la expresión poética de Zeller se encuentran en dialéctica oposición con específicas prácticas normativas asociadas con una concepción burguesa del arte. Las cualidades que más caracterizan su poesía crean una antinomia dialéctica con esa concepción burguesa, sin embargo, sobre un nivel más general de ideología estética.

Una tradicional ideología estética burguesa prescribe que el arte debe (re)presentar la realidad según unas líneas miméticas. El arte debe ser la imitación de una realidad "convencional"; o, por lo menos debe ver la realidad como una estructura coherente e inteligible, aprehensible por medio de los cinco sentidos y en todas sus facetas "documentales". Pero Marx, Freud, Einstein y otros han destruído los constructos míticos (orden, estabilidad, razón, unidad, etc.) de esa convencionalidad que sustenta tal visión artística. Ludwig Zeller se enfrenta con las complejidades fluidas de una cosmovisión moderna y las refleja con componentes de un discurso poético dialécticamente opuestos a la norma burguesa.

Donde más se observa esta dialéctica es en la libertad con que se hacen asociaciones a los niveles micro- y macro-sintácticos. Por nivel micro-sintáctico se quiere decir el nivel de la simple combinación de palabras. A este nivel, aunque, como se ha advertido ya, el discurso poético apenas se desvía de las exigencias gramaticales, sí se desvía de una lógica léxico semántica que regiría la selección y combinación. La libertad con que se combinan sujeto y verbo, verbo y complemento, sustantivo y adjetivo, etc. sustenta la creación y exploración de nuevos territorios poéticos. Veamos unos cuantos ejemplos:

> *...si despierto veo hervir sus escamas (30)*
> *Gime la porcelana...(90)*

> *Oscuras donde el ácido roe horizontes lejanos...(75)*
> *El viento arremolina las escamas... (47)*

> *...comí los frutos del insecto amargo...(119)*
> *El garfio de sus ojos quema...(102)*

Maestro del collage en las artes plásticas, Zeller trae las mismas técnicas de selección, recombinación y montaje de este medio a su discurso poético. En los casos arriba citados selecciona de entre varios diferentes campos semánticos, la mayoría de ellos constituídos por elementos de fuerte sugestividad onírica, y luego recombina los elementos seleccionados sobre el nivel sintáctico-gramatical del discurso.

Esta misma técnica se observa sobre el nivel macro-sintáctico, es decir, sobre el nivel de la estructura lírico-narrativa. Aquí, el discurso poético zelleriano no suele seguir ninguna norma de orden lineal, lógico, temático o cronológico. Al contrario, su estructura suele consistir en una serie de fragmentos yuxtapuestos, temática o motívicamente diferentes entre sí. Los múltiples fragmentos estructurales se suceden como en un *montage* onírico sin hacer caso a una lógica composicional (hay, por ejemplo, una ausencia total de recursos transicionales entre segmentos), temporal o motívica.

A este nivel estructural los principios generadores principales suelen ser dos. En el primero, un elemento o una imagen de la realidad extrapoética parece servir de trampolín para el salto que se hace al

territorio poético creado por las libres asociaciones sintácticas y semánticas.
Este proceso es evidente, por ejemplo, en "Aquello que nos duele" (93):

*Viejas fotografías que me cuelgan al roído gabán,*
*Desolladas por años, enganchan los recuerdos, casi roncas*
*En papeles que el tiempo ha tornado amarillos.*
*Sangre que corre por mi espalda a cuestas, que tira de costado.*
*¡Cómo me duele verlas! Corría yo tras de la rueda eterna,*
*Golpeaba los muñones, movía las rodajas del instinto.*

Alternativamente, no hace falta nada que desencadene el salto hacia los
nuevos territorios donde los viejos constructos míticos se vuelven
inoperantes, porque el espacio poético creado por la libertad expresiva es
la pasmación recordatoria de un sueño; es la creación lingüística del
mundo onírico. Consideremos:

*No poder despertar y estar presente en llagas*
*Como un carbón humeante entre las sábanas,*

*"El embudo de arena" (95)*

*Se abre la tempestad. Como un tormento escucho*
*Zumbar la aguja al rojo, los follajes que cambian de color*

*"Con vidrios en la almohada" (97)*

Llegados a este punto es interesante volver sobre el título de la
antología de Zeller, *Salvar la poesía quemar las naves*, para considerar su
primera parte, salvar la poesía. Como muchos títulos este tiene forma
telegráfica que probablemente habría que leerse "para salvar la poesía
hay que quemar las naves". Basándose en el precedente histórico cortesiano
y en los logros estéticos de gran parte de la producción artística de nuestro
siglo, Zeller aboga por la libertad individual para poder crear o explorar
nuevos territorios poéticos sin que límites, normas o expectativas impuestas
desde fuera restrinjan la expresión auténtica y autónoma. La obra poética
de Ludwig Zeller tiene, pues, la cualidad de manifiesto artístico; pero no
es de los que prescriben cómo hay que escribir poesía, sino más bien
reclama para sí y los demás poetas una premisa fundamental para poder
escribir: la libertad.

Habría que afirmar que Zeller ha logrado esa libertad, que ha explorado
nuevos territorios poéticos y que, además, ha creado una expresión
auténtica y autónoma gracias a cierta continuidad que le da su particular
visión artística. Habría que afirmar, además, que esa libertad es más que
fundamental; es *imprescindible* porque lo explorado en sus versos son

aquellos territorios poéticos donde estallan las angustias reprimidas del hombre moderno.

1.    Zeller, Ludwig. *Salvar la poesía quemar las naves*. México: Fondo de Cultura Económica, 1988. Todas las citas de la poesía de Zeller vendrán de esta antología con las páginas señaladas entre paréntesis dentro del texto.

2.    Habría que notar aquí la excepción de varios poemas en prosa como "Estoy de visita en la antigua Biblioteca Nacional" (117).

3.    Habría que notar, sin embargo, que el caso omiso que se hace a la puntuación es una constante en el volumen *Salvar la poesía...*

Richard K. Curry, nacido en Toledo, Ohio. Se doctoró en Letras Hispánicas en Arizona State University. Actualmente es profesor de Lengua y Literatura Españolas en Texas A & M Univers ity. Autor de un libro, *En torno a la poesía de Luis Cernuda*, también ha publicado numerosos trabajos teórico-críticos tanto sobre Quevedo, Cardenal, García Lorca, Aleixandre, Neruda y otros poetas, como sobre aspectos del cine contemporáneo.

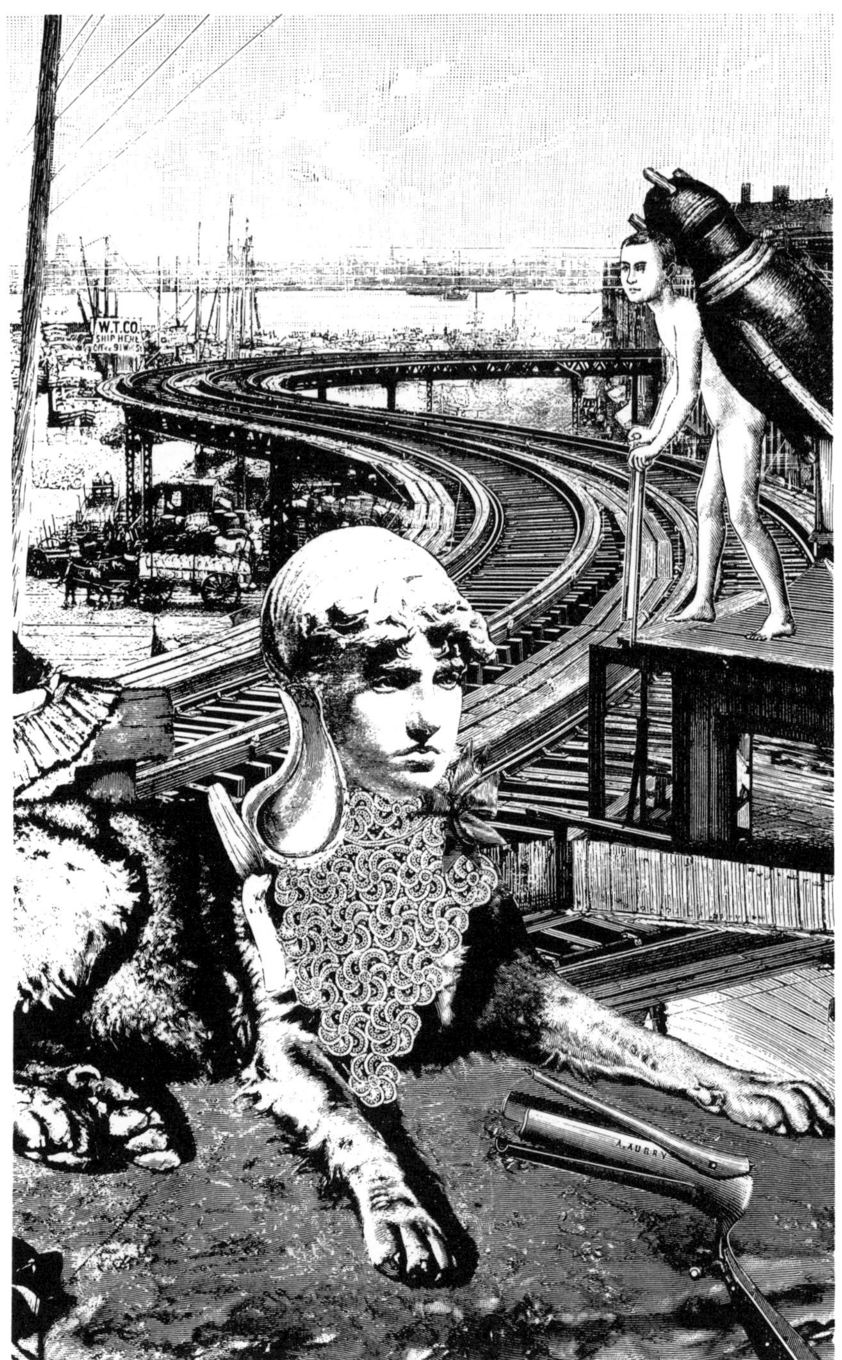
W.T.CO.
SHIP HERE
OFFce 91 W St
A. AUBRY

# Javier Sologuren

## AL ANDAR DEL CAMINO:
## LUDWIG ZELLER Y EL COLLAGE

Utilizado en las telas de los pintores cubistas, el "collage" adquiere una especie de frescura de invención y se desarrolla lozanamente dentro del marco de las creaciones surrealistas. Dejó de ser un procedimiento subordinado a la pintura para constituirse en una modalidad artística autónoma que correspondía cabalmente a aquella sensibilidad nueva percibida con tanta lucidez por Guillaume Apollinaire. Muchos lo cultivaron, pero es con Max Ernst que alcanza extraordinaria plenitud.

Como se sabe el "collage" es una técnica artística que, valiéndose de imágenes heterogéneas y ya dadas, configura otras en las que dichas imágenes irradian una nueva vida sugestiva y acceden a planos de insólito simbolismo. Es interesante observar cómo esta conjunción icónica —de grados diversos de sutileza y complejidad— posee un correlato verbal en la "enumeración caótica" que, con tal esclarecedora agudeza, estudió Leo Spitzer en la poesía moderna. Señalaba el romanista vienés que el asíndeton en Whitman "acerca violentamente unas a otras las cosas más dispares" (...) "como un niño que estuviera hojeando el catálogo de una gran tienda y anotando en desorden los artículos que el azar pusiera bajo su vista". Sucede que en el "collage" se emplean elementos visuales de la más variada procedencia, pero entre los que es fácil advertir aquellos salidos precisamente de las páginas de los catálogos editados por los grandes almacenes. Un neto vínculo existe, pues, entre ambas manifestaciones. Lo desmembrado se articula e integra en un todo que encierra un sentido y reclama nuestra atención y entendimiento. El azaroso caos resulta ser una propuesta más de nuestra época siempre en pos de ampliación y ahondamiento cognoscitivos de la realidad.

La técnica y el arte del "collage" ha ganado una nueva vida, peculiar y solitaria, con la obra del poeta chileno Ludwig Zeller, residente desde hace varios años en Canadá. Zeller publicó un hermoso libro con sus poemas (en español y en versiones al inglés y al francés) a los que acompañaba con sus propios collages. Esto fue en Ontario y en 1976. Ahora, nos da a conocer un álbum que contiene únicamente una serie de éstos (*50 Collages*, Mosaic Press, Ontario 1981) precedido por "Collage-texto para los textos-collages de Ludwig Zeller, el enamorado" de Arturo Schwarz y un pormenorizado estudio de Edouard Jaguer: "Acerca de los collages de Ludwig Zeller y de su estela".

Si bien es el trabajo del artista visual el que en estas nítidas y deslumbrantes imágenes se ejerce, el autor lanza una sugestiva línea verbal en cada uno de los títulos que las preceden, motivando así un cotejo de naturaleza poética. Cuatro de los "collages" —incluídos en su primer libro titulado *Cuando el animal de fondo sube la cabeza estalla* — se rescatan en el álbum que comentamos. Decir que todos ellos provienen de una común fuente surrealista es tal vez abundar en lo obvio, pues están ciertamente nutridos de la materia proteiforme de sueños y delirios. A nosotros nos interesa, en cambio, destacar el hecho de que Zeller poetiza a menudo acerca de la esencia y las modalidades técnicas de su arte. Parte muy significativa de sus figuraciones vienen a ser una suerte de metalenguaje, una aclaración de sí mismas por sí mismas. *50 Collages* presenta en su carátula una imagen que es buena ilustración de lo que afirmamos, ya que en ella se ven elementos anatómicos y quirúrgicos (una forma del sistema muscular de las piernas y de estuche de instrumentos tales como tijeras, escalpelo, pinzas, etc.) y por sobre todo ello el ojo, muy abierto, que escruta. Con lo cual Zeller manifiesta que el "collage" es un procedimiento anatómico, ya que antes que producirse como encoladura o pegado (que eso significa la palabra francesa que lo designa) se da como corte, o recorte (que es precisamente el significado original del término anatomía). Tal es la operación primaria de este arte y de ahí no es difícil la ampliación de su sentido hasta incorporar la quirúrgica y asimismo el arte cisoria como podemos apreciarlo en el "collage" que lleva por nombre "Trinchar la polla". Según lo dicho, Zeller sabe que de algún modo trabaja con formas dotadas de vida a las que somete a incruentas ablaciones para luego proceder al injerto de los órganos en un espacio donde van a cobrar nueva y más inquietante vida.

Los recursos icónicos del collagista son por cierto muy variados (viejos grabados, fotos, imágenes publicitarias, el material ilustrativo de las revistas y mucho más) y es probable que el contemplador de sus creaciones no logre identificarlos. Cosa innecesaria, puesto que sólo valen en tanto que elementos constitutivos de una estructura que los rebasa en complejidad y sentido. Sin embargo, en "La mujer teje lo que el pescador sueña", éste, tomado del logotipo de la antaño socorrida "Emulsión de Scott", nos está mirando no ya desde el marco de una página, sino grata e inevitablemente, desde un rincón de nuestra infancia. Renunciamos, claro está, a lecturas temáticas de cada "collage". Muchos serían los hilos, muchos los laberintos. Bástenos decir que el poeta Zeller nos franquea la puerta de los enigmas mediante su arte de concepción tan peculiar y de tan pulcra y acabada realización.

Javier Sologuren, Perú (1921). Poeta y editor. Ha realizado una extraordinaria y generosa labor con sus pequeñas ediciones *La Rama Florida*. Entre sus principales obras hay que contar *Vida contínua* (1945, 1980) que reúne un panorama total de su poesía. El presente artículo es un comentario a *50 Collages* y apareció en *El Observador* de Lima, 24 de enero de 1982.

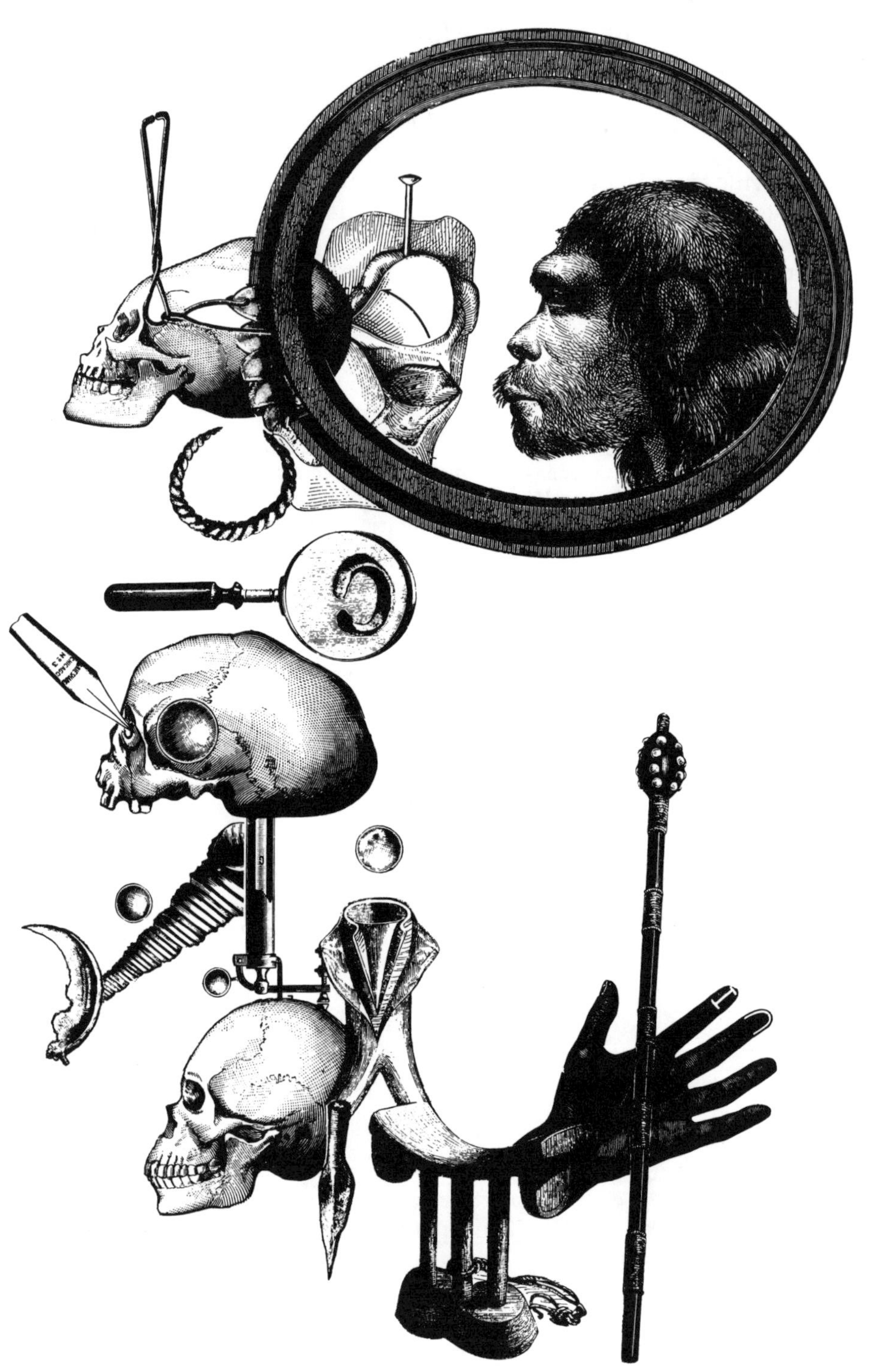

# José Miguel Oviedo

# EL MUNDO SALVAJE DE LUDWIG ZELLER

Que los lectores hispanoamericanos no sepan todavía quién es Ludwig Zeller, no conozcan su obra y no puedan hallarla en las antologías, no sólo se debe a que en nuestra literatura y nuestra crítica exista eso que los físicos llaman "huecos negros" (vacíos, precipicios, tierras incógnitas por las que nadie se atreve a transitar por pereza intelectual o por espíritu de capilla), sino consecuencia de la naturaleza misma de su creación: es de lo más intransigente, perturbador y anómalo que conozco; ni siquiera estoy seguro de que pertenezca a la literatura (y al arte) de Hispanoamérica, aunque él haya nacido en Chile y su actividad haya estado vinculada a ciertos grupos y escritores chilenos. "Conozco y echo de menos muchos aspectos de Chile (escribe), pero no siento ningun fervor por el nacionalismo. Desenterrando momias precolombinas, he visto que los países no existen"; pero a la vez, contradictoriamente, admite que "si hay algo esencial en mí es el hecho de que soy un hispanoamericano, para bien o para mal, un exilado voluntario de todo y de todos, lo que me permite retornar a mi verdadero centro, la soledad de la cual he comenzado". Ese retorno a sí mismo, que da sentido a una obra de extrañeza radical, es posible gracias a la asunción de una patria internacional y sin fronteras: la del lenguaje surrealista.

De los tres grandes polos del surrealismo en Hispanoamérica - México en el norte, Argentina y Chile en el sur- es en éste último donde el espíritu del movimiento ha sido más durable e intenso. Como señala Stefan Baciu, "en Chile, como en ningún otro país del Continente, el surrealismo consiguió desarrollarse e imponerse hasta el punto de dominar el ambiente a través de un reducido pero sumamente dinámico grupo de poetas y artistas", y esto "no sólo por el número y la calidad de sus manifestaciones, sino... por una constancia que ultrapasa el tiempo, relativamente escaso de dicha actividad". Conocemos a sus figuras mayores: Braulio Arenas, Teófilo Cid, Enrique Gómez-Correa, Jorge Cáceres; entre sus antecesores ilustres a Rosamel del Valle y Humberto Díaz-Casanueva; entre sus epígonos al vibrante Gonzalo Rojas, que todavía seguimos redescubriendo -sin olvidar, en la plástica, la presencia de Roberto Matta. Recordamos también el nombre de *Mandrágora*, el grupo, la revista y el núcleo generador que otorga consistencia a sus búsquedas personales y que reinterpreta el mensaje de Breton a luz de la peculiar circunstancia chilena. El de Ludwig Zeller es, en cambio, un nombre elusivo, prácticamente inexistente, marginado de los recuentos históricos-literarios o del interés crítico general. No he encontrado su poesía en ninguna antología de la poesía hispanoamericana contemporánea: no la recoge Aldo Pellegrini - cabeza del surrealismo argentino- en su Antología de la poesía viva latinoamericana (1966), pese a que Las reglas del juego de Zeller apareció en 1964; ni tampoco figura en la reciente *Antología de la poesía surrealista latinoamericana* (1974) de Stefan Baciu, aunque el autor lo menciona (pp. 89 y 119) entre los herederos de Mandrágora y del surrealismo. Así, la obra de Ludwig Zeller sigue siendo remota y casi secreta.

Conocí primero, hace años sus *collages*, sin saber bien quién era ese artista de nombre tan extranjero que los firmaba; ilustraban magníficamente un libro admirable del que pocos se acuerdan: *Sol de lenguas* (1969) de Humberto Díaz-Casanueva. Hace menos de un mes se lo mencioné, en Nueva York al propio Díaz-Casanueva, a quien acababa de conocer de manera un poco casual pero inmediatamente entrañable. Había leído recién en el último número de *Review* un breve artículo de Anna Balakian, la estudiosa del surrealismo, sobre la obra poética de Zeller y una entrevista del autor realizada por Alex Zisman. También había visto su nombre, aquí y allá, perdido en una constelación de artistas de todas partes del mundo, en algunos manifiestos, revistas y exposiciones surrealistas de estos últimos años, pero eso era todo lo que sabía de él. Reavivado mi entusiasmo por los nuevos collages que aparecían en *Review* le pedí a Díaz-Casanueva las señas de Zeller; lo hice sin demasiadas esperanzas: ¿Contestaría acaso desde su apartado exilio canadiense la carta de un desconocido? No llegué a escribirla; una semana después, Díaz-Casanueva me traía una sorpresa: un gran paquete, repleto de libros y cuadernos poéticos y de *collages* originales de Zeller o publicados por él en Canadá, que le había enviado para satisfacer mi curiosidad.

Ahora sé algo más del desconocido, siquiera lo suficiente como para intentar estas líneas. "Nací (recuerda Zeller) en 1927, en Río Loa, un pueblecito en el interior del desierto de Atacama, en Chile. Desde lo más alto de la meseta en la que estaba situada nuestra casa, podíamos ver a la distancia varios volcanes; el suelo por el que hacíamos las incursiones de la niñez estaba totalmente cubierto por miles de piedras a las que llamaban "el pavimento del desierto" y eran, realmente, los restos de una vasta, antigua y milenaria erupción volcánica. La vegetación era muy escasa, apenas habían unos cuantos oasis internándose en la planicie, o a lo largo de las orillas del río que en algunos de sus tramos corría por una hondonada y, en otros, bajo tierra. En este paisaje transcurrió mi infancia". Su padre, un emigrado alemán, había llegado a Chile como ingeniero químico. "Mi padre manufacturaba dinamita, yo escribo poesía. En cierto modo creo que nuestra labor es una y la misma". Su afición artística se manifestó, en rebeldía, en el Instituto Pedagógico de Santiago donde estudió un tiempo. Luego vino la larga etapa -duró unos quince años- en la que trabajó como asesor artístico del Ministerio de Educación, enseñando y haciendo difusión con gente joven o sin formación previa, estimulando su libre expresión y aprendiendo a la vez de ellos. A fines de la década del cincuenta, establece contacto con el grupo surrealista de Breton, lo que le sirve para orientar (mejor: para confirmar) sus búsquedas. Su relación con el grupo local *Mandrágora* había sido algo conflictiva, por causas que Zeller atribuye mayormente a las diferencias de edad. Pero cuando el grupo se disolvió esa relación mejoró mucho y fue provechosa, especialmente su amistad con Enrique Gómez-Correa y su devoción por Jorge Cáceres. Es muy posible que la experiencia de Gómez-Correa en el Hospital Psiquiátrico (de la que es testimonio su libro *Sociología de la locura*), haya impulsado a Zeller, al comenzar los años sesenta, a trabajar en el Centro de Medicina Antropológica de la Universidad de Chile, para estudiar algunos aspectos relativos a los problemas del lenguaje en los enfermos mentales. Zeller, que durante muchos años había estado investigando y tomando notas sobre sus propias experiencias oníricas, escribió en el Centro poemas, realizó experimentos de sueños dirigidos y grabó numerosas entrevistas con esquizofrénicos. De esta misma época data también la organización y la actividad del grupo de Zeller denominado *Casa de la luna* que tenía su propia imprenta con la que difundió obras suyas, de su esposa la artista Susana Wald, de Díaz-Casanueva, Rosamel del Valle y otros. En los 70 desalentado por la excesiva politización del ambiente chileno ("no soy un animal político"), se exiló en Canadá "con un par de valijas, un niño pequeño, mi mujer y un inmenso baúl lleno de papeles recortados". Su actividad surrealista en Toronto ha sido muy intensa; en su editorial "Oasis" ha publicado, frecuentemente en ediciones trilingües, por los menos catorce libros de poesía propios y ajenos, o series de *collages*, ha participado en varios homenajes y muestras surrealistas, ha seguido explorando los laberintos del sueño, la magia y el amor loco.

    Zeller es autor hasta el momento de unos seis libros de poesía; sólo conozco tres de los últimos, publicados simultáneamente en Toronto y

París: el largo poema erótico *Mujer en sueño* (1975), *A Aloyse*, la reedición de un poema compuesto en 1963 como resultado de sus trabajos con enfermos mentales (el uso de cuartetas evoca las fórmulas verbales que usan los pacientes para vencer sus tendencias esquizofrénicas); *y Cuando el animal de fondo sube la cabeza estalla* (1976), sin duda el libro más importante de todos. Los dos primeros títulos (igual que algunas de sus colecciones de dibujos como *Mirages*) son, en realidad, fruto de su estrecha colaboración con Susana Wald, una artista por derecho propio cuyas imágenes ilustran los poemas o complementan los *collages* de Zeller con una definida densidad erótica. Dobles lenguajes (Zeller-Wald, poemas-collages, español-inglés) que se hacen uno, indisoluble; a veces no sabemos si los dibujos ilustran los textos o al revés, como en *Cuando el animal de fondo...*: el propio Zeller anota que "varios de los collages son simultáneos a los poemas que los acompañan".

Use la expresión escrita o la visual, trabaje solo o en colaboración, el mundo de Zeller es inconfundible y maravillosamente aterrador: el que crea una imaginación en estado salvaje, que todavía vaga por el desierto, brutal y ansioso como el hombre primitivo, soñando pesadillas de horror helado y ritual, copulando con mujeres que son peces que son monstruos que son vísceras abiertas. Su obra suele tener la fuerza irresistible de la locura, la condición cósmica y hostil de la naturaleza tal como la imaginaron los románticos alemanes, Poe, Lautréamont, Max Ernst. No hay piedad ni amparo en este mundo violento: es el exceso puro abrumando con su crueldad insensata la desastrosa aventura humana; fastuosas y opresivas a la vez, sus imágenes evocan constantemente un reino subterráneo, húmedo y lunar por cuyas nocturnas galerías sólo podemos deambular sin ver nunca la luz. En un texto adecuadamente titulado *Pared contínua* se lee: "Caído en una trampa me interrogo. No hay luz./En lo alto pasan nubes arrastrando raíces"; más secamente en *Distracción ontológica* declara: "La vida es sólo un tubo sin remedio./ Entrar aquí da a todos el derecho de mirar la injusticia".

En las páginas que preceden *Mirages* hay unas notas autobiográficas de Zeller y otras, imaginarias de un tal "Rellez Giwdul". Estas comienzan: "Me gustaría haber nacido en Tasmania, ser un pastor de animales desconocidos, tales como el tapir azul de cuatro ojos, la anguila dorada, cuyos pechos crecen como cúpulas en la época de celo. Las del "verdadero" Zeller terminan así: "¿Qué es real? ¿Qué es imaginario? La mitad de nuestra vida la vivimos en sueños". Creo que esto prueba la apasionada identificación del autor con el surrealismo y la autenticidad de su extravío en lo más secreto, lo más animal lo más sagrado de la experiencia humana.

*Uno más uno*, México, 26 de agosto de 1978.

José Miguel Oviedo. Crítico y ensayista nacido en Lima, Perú. Ha sido profesor en diferentes universidades de Estados Unidos. Sus principales libros son: *Genio y figura de Ricardo Palma* (1965), *Mario Vargas Llosa: la invención de una realidad* (1970, 1977, 1982), *Estos trece* (1973). Colabora en diversas revistas literarias: *Vuelta, Quimera, Revista Iberoamericana, World Literature Today*, entre otras.

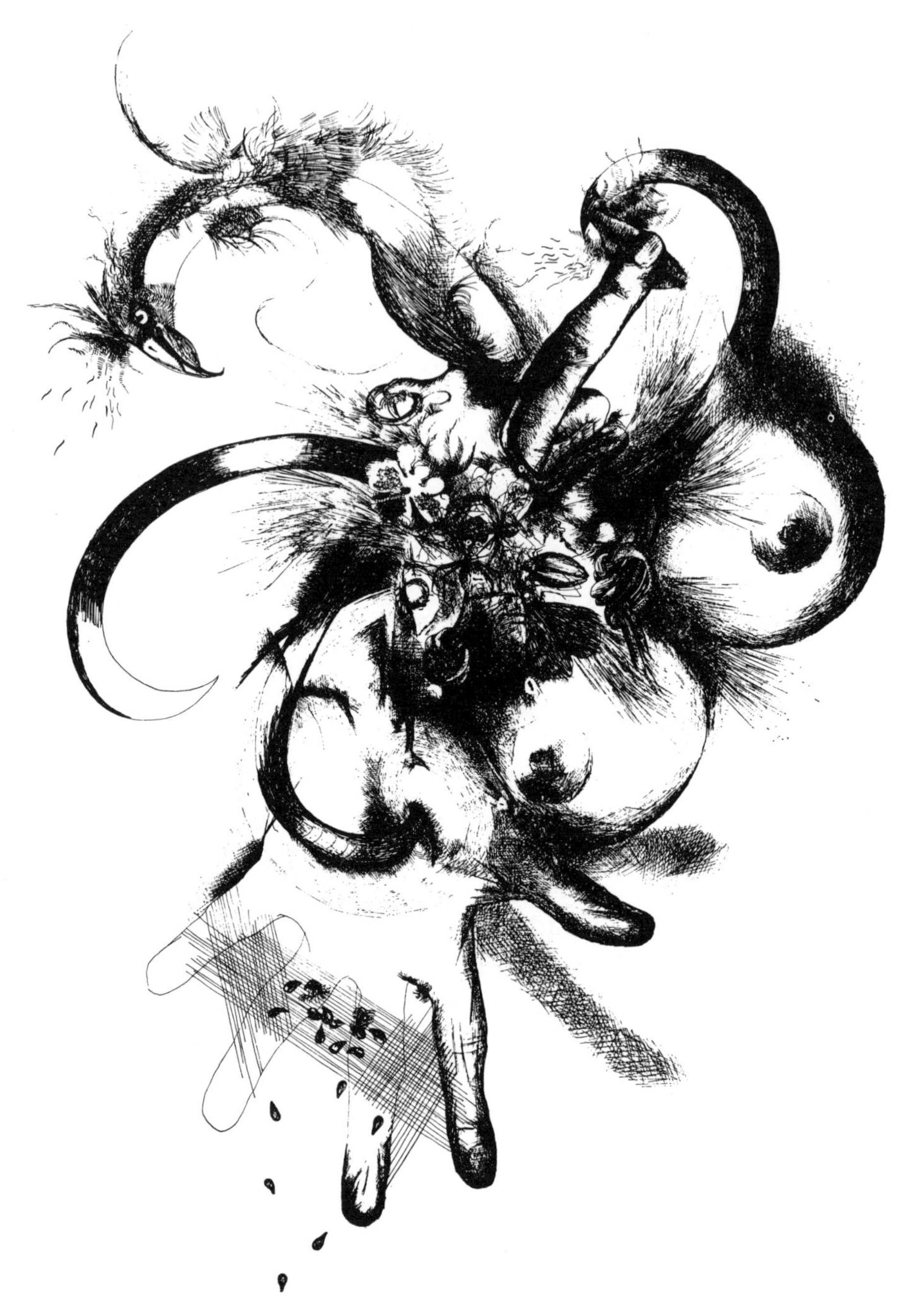

# Alvaro Mutis

## LUDWIG ZELLER O EL ESPEJO EN ENTREDICHO

No creo que exista una defición de la poesía que mejor cuadre a la que escribe Ludwig Zeller que ésta, intentada -porque es evidente que la poesía es, por su esencia, indefinible- por Paul Reverdy, palabras de una justeza muy cercana al blanco inalcanzable: "Ese tránsito de la emoción en bruto, confusamente moral o sensible, al plano estético en el cual, ascendiendo en escala, se aligera de su peso de tierra y de carne, se depura y se libera en forma que, de dolorosa pesadumbre del corazón, se convierte en gozo inefable del espíritu: eso es la poesía". Si a esta visión de Reverdy, sumamos las siguientes palabras del propio Zeller, creo que nos habremos acercado mucho a la siempre móvil y esquiva substancia en la que pone a navegar sus visiones y sus sueños: "He nacido en 1927, en el desierto de Atacama, al norte de Chile. Estos poemas y collages serían otros de haberse originado en un ámbito distinto y el surrealismo, al cual mi obra se adhiere enteramente, no puede sino ser el de quien piensa que acaso seguimos viviendo en un desierto donde la vida es tan sólo la piel de un espejismo".

Una poesía como la de Zeller, sólo puede ser posible merced a la entrega total, a la desvelada devoción, sin medida ni pausa, como él la entiende. Lejos de su tierra, lejos de todo y en todo presente, Zeller se dedica a preservar, con la complicidad vigilante de sus seres más cercanos, el territorio libre de la poesía. Ni una sola hora de su vida está dedicada a otro propósito. Yo debo confesar el hondo respeto, no exento de envidia, que sentí al acercarme, en cercanía entrañable aunque breve, a esta lección de irrestricto servicio a las más secretas fuerzas, a las tensiones más esenciales que determinan la tarea del poeta.

Pero no se entienda esta idea de servicio y de apartamiento, como un exquisito rechazo a la saludable constatación de nuestras caídas y miserias y, menos aún, a lo que el mundo nos ofrece como testimonio de su material presencia perecedera. Escuchemos, por ejemplo, cómo Zeller invoca a nuestra vieja nodriza, la muerte:

*Ven entonces tibio ídolo de tanto insomnio, bebe*
*De raíz esta médula que quiere eternidad, haz que el tambor*
*Esparza mi semilla en la arena; te espero allí hace siglos,*
*Mi dulce eterna amada, por tus párpados cubierto quiero ser,*
*Abres la puerta, lánguida sonríes.  ¿Qué esperas, di?*
*He llegado por fin a tu costado, Señora del Silencio.*

Toda la poesía de Zeller -y sus collages, desde luego- nacen y se sostienen bajo el signo de la aceptación. La absoluta, ineludible, aceptación. Allí está el gran secreto de su poder de convocar todos los fantasmas, materiales e inmateriales, con los que la imaginación rodea al hombre para apoyarlo en su lucha contra los dioses, en su sorda guerrilla contra los oscuros penates de la rutina y el olvido. Zeller nos lo hace patente con evidencia en combustión:

*Hoy vienen los fantasmas y en la mesa que gira*
*Veo crecer las flores bajo el llanto sendiento*
*Del ojo que en el centro del plato está mirando*
*La alcuza con su aceite y su escorpión.*
*...............................................*
*...............................................*

*No quiero ver quebrarse la guitarra*
*No quiero ver subir a la marmita*
*Aquel ojo con garras que pregunta de nuevo*
*Si dos y dos son cuatro, si las aguas hirvieron de verdad.*

Con Zeller no hay medias soluciones: lo que no es poesía está condenado sin remedio, pertenece al impreciso mundo de la nada.  Tal vez por esto, desde un principio, Zeller ha buscado en la imagen, dispuesta según el orden sin reglas de su particular e intransferible teogonía, un apoyo y una corroboración, una prueba y un nuevo testimonio desde el rincón opuesto, de lo que en palabras dispuso como poema. No que sus collages sean comentarios a su poesía: son otra poesía, articulada con otros elementos, que vuelve sobre lo mismo, lo de siempre: estamos irremediablemente condenados a la tarea de construir un mundo que se oponga y anule al que la razón y la lógica proponen con terquedad de enterradores.

Ludwig Zeller, como tantos otros predestinados que lo precedieron en tan arduo servicio, tiene que inventar a cada instante la libertad, ese paraíso sobre la tierra contra el cual los hombres atentan también a cada instante. Por eso el poeta ha dispuesto su vida y su vocación creadora al amparo de todo lo que pueda conspirar contra la inagotable disponibilidad de su ejercicio visionario. Hay una santidad de la poesía: Blake y Hölderlin lo supieron, lo supo Rimbaud y también lo supo Georg Trakl, lo supieron Michaud y Desnos. Ese camino no pueden recorrerlo sino los apartados, los que no temen injuriar a los astros. Zeller lo sabe y conoce los riesgos del viaje. Los hados, vueltos de espaldas, jalonan su marcha. Este libro da cuenta de su paciente exploración del abismo.


Alvaro Mutis - Colombia 1923. Si bien la mayor parte del público piensa de Mutis como el novelista de *La nieve del almirante, Ilona llega con la lluvia* o *La mansión de Araucaíma*, no hay que olvidar que en él se aúnan el poeta y el narrador. Su antología *Summa de Maqroll el Gaviero* (1982,1990) reúne lo más importante de su obra poética. El presente artículo sirvió de introducción a la antología de Ludwig Zeller *Salvar la poesía quemar las naves* y se reprodujo posteriormente en la versión inglesa de su *Tatuajes del fantasma*.

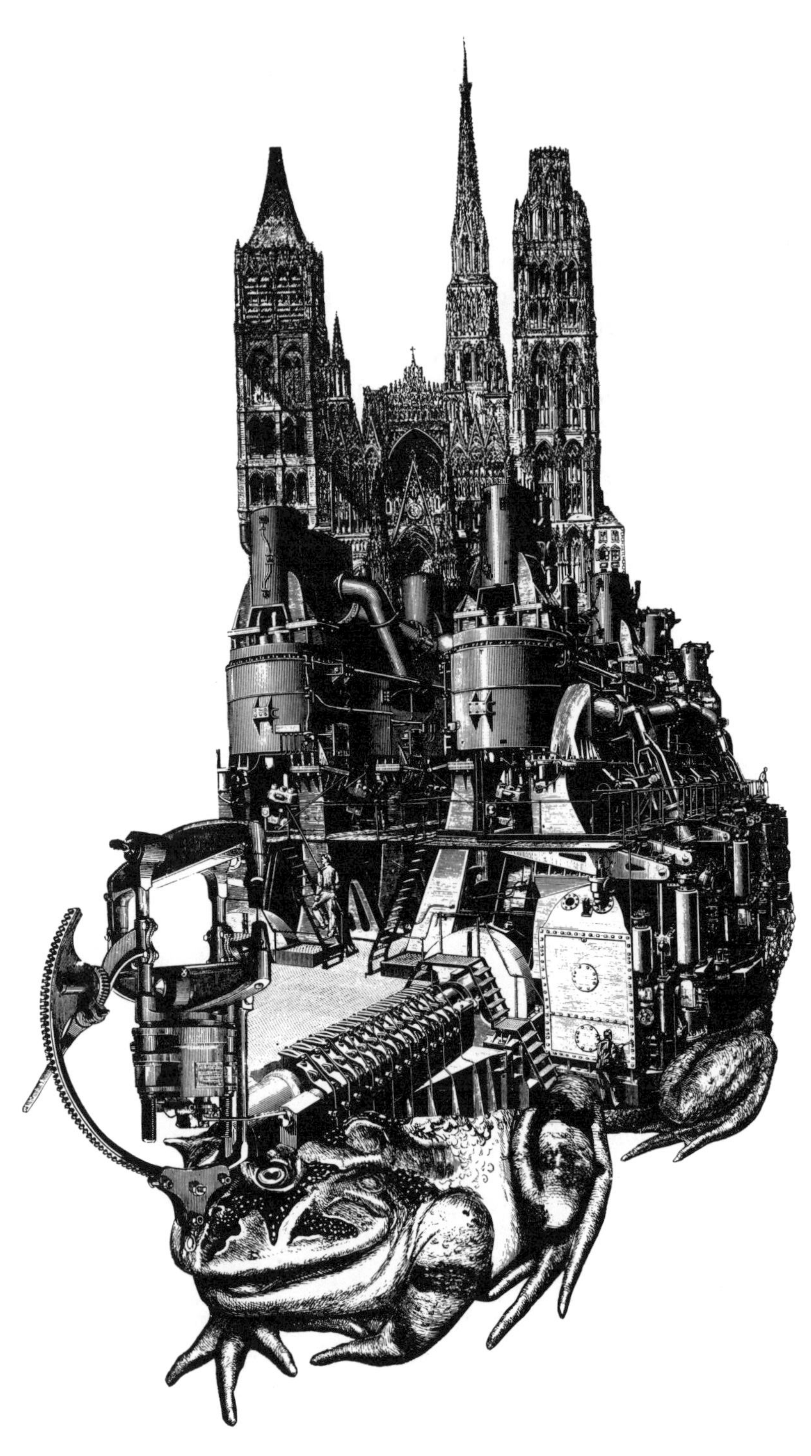

# Javier Rabassó

## "LA PIEDRA ANGULAR" (COLLAGE) DE LUDWIG ZELLER: DE LA LIRA AL ICONO, LA POESIA.

El texto presenta desde el principio una serie de dificultades que van a ofrecer al lector la posibilidad de diversas interpretaciones. El primer problema nos surge con el título trilingüe. Si el inglés es la lengua original del mismo, tanto el español como el francés son modulaciones de "cornerstone" formando dos palabras en vez de una compuesta, "piedra angular" y "pierre angulaire". La dificultad surge cuando el término inglés se encuentra en casi todos los diccionarios consultados, mientras que el francés o el español es de difícil localización[1]. En inglés "Cornerstone" se refiere a la esquina de un edificio, sirviendo como punto de unión entre dos paredes. Este tipo de piedra sirve también para marcar el actual o nominal punto de partida en una construcción arquitectónica. A menudo esta piedra se inscribe en dicha construcción como depositaria de documentos o de objetos históricos[2]. El tercer significado refiere la piedra angular a un principio o parte fundamental, a la base, al fundamento. En francés y en español coincide el término con la primera y la tercera definición mencionadas, pero no con la segunda (como depositaria de documentos o de objetos históricos), la cual en castellano se denomina piedra fundamental [3]. Tampoco hay que confundir piedra angular con piedra filosofal (o materia con que los alquimistas pretendían hacer oro artificialmente).

La segunda dificultad que nos presenta la lectura son los materiales que componen el "collage". En principio parece como si la uniformidad y precisión en la selección y composición de los grabados en negro sobre fondo blanco, se alejara de la estructura visual de la mayoría de los otros collages presentados en la colección, los cuales se apropian más libremente de los espacios vacíos o en blanco[4]. La primera impresión en un primer vistazo al texto es, como consequencia, la de una masa sólida y compacta. ¿Pero se trata de una piedra, o la selección de los elementos que conforman el collage puede sugerirnos otras estructuras? A medida que uno observa la obra, más incómoda y perturbadora es la comprensión de la misma. No se trata, como al principio parece, de una selección arbitraria de varios conceptos "pegados" aleatoriamente sobre el blanco. El material de hueco-grabado de manuales médicos, de ingeniería y zoología de fines del siglo XIX (ya empleados por Max Ernst) incrementa el misterio de una composición, que paulatinamente inquieta y amenaza nuestros sentidos[5]. La tijera de Zeller parece tan subversiva (por la distanciación histórica con respecto a los materiales escogidos) como cualquier pincel surrealista, convirtiendo la selección de dichos grabados de fin siglo en una proposición estética sobre los materiales de la obra artística. No es la fotografía, ni el color, sino el hueco-grabado lo que va a llevarnos vía Zeller a la Modernidad, para revisar sus fundamentos. Por otro lado, la técnica detallista en el diseño de dichos grabados, y por ende la acumulación de información sobre los mismos ofrece la impresión, como bien afirma la introducción a la colección de collages, de tratarse de un estilo barroco exagerado, churrigeresco, característico de la arquitectura criolla en Latinoamérica, original de una deformación del gótico a finales de la Edad Media en España[6].

Los elementos combinados en el collage no están por consequencia combinados por azar, sino por necesidad. Esta afirmación un tanto excesiva todavía, es el producto de una intuición que, desde un principio, me permitió seleccionar éste y no otros collages; me obligó a rechazar los otros 49, en beneficio de una imagen, que también a mí, en lo profundo del subconsciente me venía deambulando y consumiéndome. Ahí está el mérito de Zeller. El de plastificar imágenes del subconsciente colectivo y darles una identidad, una plasticidad que trascienda los significados difusos pero que permanecen en nuestros mundos de vigilia y de ensueño. Si las ilustraciones que forman el collage son el sustituto de algo (de una rana, de una fábrica, de una catedral) la función textual de las mismas cobrará relevancia no como signo (es decir, como resultado de la interrelación entre significante y significado) sino como símbolo. A pesar de que la introducción a la colección  habla de signo, pienso que esta categoría no es aplicable a los collages de Zeller, debido a que existe no una relación de arbitrariedad (siguiendo los postulados de Saussure) sino que establece cierta motivación en la relación de significante-significado, lo que nos aproxima al contenido simbólico de los elementos propuestos[7]. Símbolos indudables como los del Progreso, la Historia, la Verdad y la Civilización, si bien parecen subrepticiamente en las posibles lecturas metafóricas del collage nos sugieren al mismo tiempo una lectura desarrollada desde la perspectiva empleada por Roland Barthes en sus *Mythologies*[8]. Para éste el mito no es más que un sistema de comunicación formado por un significante, un significado y un signo o relación entre ambos. En el mito hay dos sistemas semiológicos: un sistema lingüístico previo o lenguaje objeto (la rana, la fábrica, la catedral gótica) y un metalenguaje o segunda lengua que habla sobre la primera. Es aquí donde una primera lectura del collage de Zeller, al tratarse de una obra surrealista, no tiene aparentemente sentido. Es preciso referirse al contenido referencial y a la potencialidad semántica de cada uno de los elementos que conforman el collage.

Es obvio que "La piedra angular" nos aproxima a algunos de los collages diseñados por Max Ernst, especialmente su "Histoire naturelle" en el que se combina una criatura acuática conformada con estructuras metálicas, lo que origina una nueva fabricación mecánica que poco tiene que ver con la impresión original. No obstante el collage de Zeller va más allá de una pura construcción surrealista para sobrepasar una de las "piedras angulares" de su filosofía: la de los sueños. El de Zeller sería tal vez un sueño etílico, pero no en estado de vigilia, sino en pura iluminación y comunicación alucinógena[9]. Sin embargo, las imágenes de Zeller están tomadas de sistemas semiológicos anteriores, de mitos a los que nos referiremos posteriormente, de realidades previas que llevan consigo el peso de la historia y del hombre. Pero los collages, como los mitos, también son construcciones engañosas referidas a una falsa naturaleza de la que inevitablemente nosotros formamos parte. Falsa naturaleza que cobrará protagonismo en el sueño, no sólo por el contenido de sus imágenes, sino por la lectura de las mismas. Los símbolos son parte esencial de los sueños, aunque otra característica básica, que también se produce en el collage, es la ausencia de sintaxis[10]. Los planos del collage desprecian olímpicamente el eje horizontal (es decir el eje sintagmático, o lo que Jacobson denomina el nivel metonímico), para concentrar su atención en una lectura vertical (paradigmática, metafórica). Ello es debido, como dijimos, a que el collage, como los sueños, es más partidario de los mecanismos significativos del símbolo y el mito, contrastando con la tendencia general del resto de los sintagmas narrativos que tienden a relacionarse con el signo. Esta ausencia de sintaxis, esta falta de continuidad entre los diversos elementos que conforman el collage, lo aproximan al grado cero de la escritura a no ser por una lectura metafórica del mismo[11]. No obstante, es posible en el caso de la "Piedra angular" también una lectura metonímica, la cual voy a proponer desde una perspectiva en cierto modo deconstruccionista, al final de mi lectura. Digo esto porque el collage de Zeller no es, como en la mayoría de los collages surrealistas, un conglomerado de imágenes encerradas en compartimentos estancos (simbólicos) sin ninguna relación unos con otros. Si en general en el collage nunca se muestra la parte por el todo si el todo puede mostrarse en un solo plano, "la piedra angular" es una excepción.

La lectura metafórica de la obra que nos concierne debe partir de la analogía, que es elemento constitutivo del símbolo, y su referencialidad extratextual. Para ello es preciso tomar en consideración cada uno de los elementos (o símbolos) que conforman el collage, y referirse brevemente al contenido semántico de los mismos, al carácter polisémico de sus significados. Cada uno de los elementos, rana, fábrica, iglesia gótica tienen un valor léxico-semántico en sí mismo. La problemática surge cuando vamos del contenido semántico al metafórico, el cual se esconde tras la redundancia de significados que inundan el collage propuesto. Este problema es propio de toda obra de arte, de forma que la impertinencia semántica (término empleado por Paul Ricoeur y Mario Valdés) lleva al lector a un desdoblamiento en la referencialidad, el cual le permitirá la re-creación del texto artístico desde perspectivas diversas, tomando como base una lectura metafórica[12].

El problema del referente nos obliga en este caso a recurrir directamente a cada uno de los elementos que forman parte del collage. En la mayoría de los collages sus partes son siempre identificables, de forma que la aparente incompatibilidad entre éstas es intrínsica a la obra de arte. Si el conjunto de los mismos puede ser tal vez un recuerdo, sueño o idea de algo que no está presente, será preciso, previo a una lectura configurativa de las partes en su conjunto, aludir a cada una de ellas por separado. La primera a la que nos vamos a referir en "la piedra angular" es la rana, la cual se encuentra en la parte inferior de la composición y lleva a sus espaldas el peso de la fábrica, y de la catedral gótica. Según la tradición mitológica y popular la rana representa la transición entre el elemento terrestre al del agua y viceversa. Anfibio embrionario puede vivir en diferentes planos de la existencia, conectando la fecundidad natural con el carácter lunar, cósmico de su naturaleza. Muchas leyendas asirio-babilónicas, así como mesopotámicas mencionan a la rana viviendo en la luna y enviando a la Tierra lluvia fértil y vivificadora[13]. En Egipto, la rana, según el Libro de los muertos, era un atributo de Herit, la diosa que asistió a Isis en el ritual de la resurrección de Osiris. Las pequeñas ranas que aparecieron en el Nilo días después en su desembocadura, fueron interpretadas por la leyenda como un símbolo de fertilidad. Según Blavatsky la rana era uno de los principales seres asociados con la idea de la creación y de la resurrección, no sólo porque se trataba de un anfibio sino a causa de sus períodos alternativos de aparición-desaparición (fases que caracterizan a todos los animales lunares). Para C.G. Jung, la anatomía de la rana, más que otro animal de sangre fría, anticipa al hombre[14]. Asimismo es frecuente en las leyendas populares y folklóricas inglesas la metamorfosis del príncipe transformado en rana que espera el beso de la princesa[15], en este caso, del lector-a/espectador-a del collage, para devolverle a su vida anterior (posterior en nuestra lectura).

El segundo elemento que forma parte del collage es la fábrica de vapor, en la cual se encuentra inmerso el individuo como una pieza más de su maquinaria. Las fábricas deben funcionar en general por una fuerza motriz que muchas veces es proporcionada por un salto de agua o una vía fluvial. El agua —fuente de vida— es por consiguiente protagonista también de este segundo elemento del collage, lo que nos permitirá posteriormente realizar una lectura sintagmático-metonímica del mismo. Así pues, como factor importante en la historia del desarrollo de la fábrica hay que mencionar la revolución económica que se operó en la técnica industrial con el descubrimiento del vapor y con los progresos en el siglo XIX de la física, la química, la invención de la electricidad y las aplicaciones de la mecánica. No obstante es importante mencionar en el concepto de la fábrica la mutua dependencia en que una pieza determinada está con respecto a otras fábricas, transmitiéndose éstas recíprocamente sus productos para convertirlos en objetos de consumo. De esta forma hay productos (que pasa con muchos de los elementos que conforman un collage) que en su elaboración o construcción pasaron por un gran número de fábricas[16]. La institución de la fábrica es patrimonio de la civilización moderna, siendo posiblemente el símbolo más representativo del epistema que conforma la Modernidad, mientras que la catedral gótica será uno de los determinantes del epistema de la sociedad medieval. Es preciso mencionar que la imagen de la fábrica como alegoría (la torre lo fue en la Edad Media), de la prisión en la que se encuentra sumergido el hombre, cobra además protagonismo social, y no puramente abstracto, en el acontecer del individuo y su circunstancia como productor de la sociedad de consumo. La Metropolis de Fritz Lang se convierte en el Desierto Rojo de Antonioni, fábrica devoradora, no de hombres, sino del mundo natural, de la flora y de la fauna, transformando por consecuencia la imagen y concepción que de la misma se ha tenido a lo largo del siglo XX. Si a principios de siglo los futuristas empleaban el símbolo como sinónimo del progreso, la fábrica del collage de Zeller (distanciada históricamente de su apogeo industrial) es una amenaza a un mundo ecológicamente deformado y tecnológicamente alterado por el acoso ahora de la electrónica. La fábrica, anclada en su historicidad y apenas protagonista de la revolución post-industrial se convierte en esta forma en un símbolo no de la sociedad contemporánea, sino de una Modernidad que ha pasado de moda. Como también están fuera de lugar los edificios funcionales de Le Corbusier o Mies Van Der Rohe los cuales tomarán como modelo inmediato el diseño de las fábricas, lo que les permite desarrollar su filosofía del arte en un universo aséptico y desconectado de un pasado que no resulta rentable. La piedra angular del edificio modernista se convierte en parodia y caricatura, hoy en día, de otra moda arquitectónica que de manos de Venturi, y Portoghesi va a volver al pasado para revisar sus fundamentos y recuperar la historia. Es aquí donde Zeller se sitúa dentro de una problemática post e incluso anti modernista, al coincidir en su paradigma con la escuela post-estructuralista del diseño contemporáneo.

El tercer elemento que encontramos en el collage es la catedral gótica, casi escondida tras las turbinas de vapor y el universo mecánico. Si la piedra precede al hierro, nada mejor que el estilo gótico para volver metafóricamente a los orígenes. Este se inicia en Europa a partir del siglo XII a través de una serie de producciones artísticas que siguieron a las románicas en el arte cristiano[17]. Lo violento y monstruoso del arte románico desaparece, recurriéndose a elementos florales y religiosos, con escenas bíblicas, vidas de santos, personificaciones morales de virtudes y vicios por medio de alegorías, representaciones simbólicas de las ciencias y las artes, de las estaciones, de los signos del Zodíaco. En los portales de las iglesias se esculpieron tratados plásticos completos de teología. Pero el motivo principal que movía a los artistas góticos fue el de aproximarse al mundo vegetal y animal, con una tendencia a la imitación de la naturaleza con no cierto idealismo, para dignificarla. El hombre, como todo buen filósofo, se queda pasmado contemplando, y es por medio de esa contemplación que nacerá el deseo de ofrecer al mundo de lo creado el talento e ingenio del artista. El arte nace al servicio de Dios por medio del hombre, en contraste con el Modernismo que se desprende del Teos para abrazar el imperio de la razón. Los dos epistemas propuestos serán antagónicos el uno con el otro, mientras que la base que sostiene a ambos sigue siendo el de una naturaleza que va a padecer las tribulaciones del logos[18]. El gótico creará su estilo también. En vez de compensadores a presión y turbinas eléctricas sentirá predilección por la bóveda de crucería, y el arco apuntado (u ojival). Las torres de forma cuadrada en sus bases divididas en pisos con ventanas partidas por delgadas columnas, terminarán en techumbres ornamentadas y florones esculpidos para adornar la piedra con florituras del ingenio. En contraste con un estilo sobrio, masculino y mercantilista propio de la fábrica modernista, el gótico se caracterizará por un toque de feminidad y refinamiento, proyección alegórica de una naturaleza/mujer/creadora del mundo[19].

La lectura metafórica del collage debe tomar en cuenta todos estos valores confluyentes en cada uno de los elementos que lo constituyen, de forma que la clave de la metáfora dependerá del repertorio que nosotros tengamos para interpretar el texto[20]. Las posibles lecturas enriquecerán el texto de forma que su carácter polisémico reactualizará el collage para darle vida y presente. La rana es pues un punto de partida, base/soporte del contenido metafórico del collage, vehículo que llevará a sus espaldas, como Pegaso, el peso de la historia.

Una lectura metonímica del collage es también posible si tomamos en consideración la selección de sus elementos[21]. Es obvio que la rana no fue puesta al azar como base de la piedra angular. La presencia de un ocelote o de un mapache hubiera cambiado sustancialmente las cosas. Lo mismo ocurre con la fábrica. Las computadoras, o los edificios-oficinas que inundan hoy en día las ciudades hubieran alterado la interpretación de la obra. La catedral gótica es también reflejo de la distribución controlada de los elementos presentes en el texto. No obstante, en vista del nexo de unión que permanece implícito en cada una de las piezas referidas (la rana, la fábrica, la catedral gótica) y tomando como base los cuentos de hadas, el collage de Zeller nos narra también una historia de ensueño[22]. A lo lejos un plano panorámico describe un enorme edificio medieval donde el hombre se pierde por sus enormes corredizos y pasarelas. En una de sus cámaras, como bien nos muestra el collage con un plano intermedio, los sabios experimentan con nuevos materiales para descubrir la piedra filosofal que ofrezca al hombre la belleza, y con ella, la inmortalidad. En una de sus mazmorras sin embargo, se halla escondido el príncipe, traicionado por sus hermanos y convertido en rana hasta el final de sus días. Segismundo, responsable del hombre por sus pecados, carga en sus espaldas, desde un primer plano, la culpa cristiana que nos impidió gozar de los placeres de la Arcadia. Segismundo, inmóvil, espera que "el lector hembra", Rosaura, lo libere con la ingenuidad de una imaginación no corrompida por el pensamiento y la reflexión...[23] ya que, como bien dijo "la rana" en su soliloquio a la luz de la luna, en el mundo en conclusión, todos sueñan lo que son, aunque ninguno lo entiende[24].

Toronto, Abril 1991


**Notas bibliográficas**

(1)   Entre los diccionarios consultados podemos mencionar el *Webster's New World Dictionary*, College Edition, Toronto: The World Publishing Company, 1962; *Le Petit Robert*, Vol.1, Paris: Dictionnaires Le Robert, 1984; *y Diccionario de uso del español* de María Moliner, Madrid: Gredos, 1966.

(2)   Ambos significados no serán aplicables directamente a nuestra interpretación, aunque la segunda definición podría serlo en sentido metafórico.

(3)   Es decir, la primera que se pone en un edificio. En sentido figurado, la base indispensable de una cosa (María Moliner, Vol.II, pág. 737).

(4)   Como en "Poderoso implacable" (collage 21) La piedra angular nos ofrece además el sentido de la perspectiva y de la tridimensionalidad, determinada ésta por la posición y selección de los elementos que conforman el collage.

Ver Ludwig Zeller, *50 Collages*. *Toronto, Paris: Mosaic Press, JeanMichel Place, 1981*.

(5)   Para más información consultar el catálogo del Museo de Arte Contemporáneo de Nueva York.

(6)   Un buen libro de consulta sobre el tema es *A Pictorial History of Art* de Christopher Lloyd, Oxford: Phaidon Press Limited, 1979.

(7)   Edouard Jaguer llega a afirmar en la introducción a los collages de Zeller, que Zeller "devuelve al elemento del collage, por figurativo que sea, todo su valor de signo."

(8)   Según Barthes los mitos literarios conllevan en sí mismos un elemento social, el cual parte de la arbitrariedad del signo como el fundamento del lenguaje, lo que nos ofrece una falsa naturaleza.  Se produce así una demistificación que otorgará al mito mayor libertad de acción. Ver *Mythologies*, Paris: Seuil, 1970.

(9)   Dicha prática se refiere no sólo a la escritura surrealista sino a la pulsión creativa que frenéticamente impulsó a los protagonistas de la Generación Beatnik a crear sus poemas.  Poetas malditos como Ginsberg, Ferlinghetti o Corso, así como prosistas como Burroughs o Kerouac se han valido de alucinógenos y visiones místicas para crear una poesía vitalista, dinámica y "neo-surrealista".

(10)  Dicha ausencia no será obstáculo para desarrollar una lectura metonímica, de asociación de ideas, de contigüidad simbólica.

(11)  De nuevo otro concepto barthiano, el cual nos muestra cuando y como funciona el estudio de la historia para demistificar la ideología de la cultura, mostrándonos las asunciones ideológicas que permanecen implícitas en ésta. Ver *Le Degré zéro de l'écriture*, Paris: Seuil, 1972.

(12)  El tema de la metáfora como elemento esencial no sólo de la lectura sino de la creación artística aparece desarrollado en *La métaphore vive* de Paul Ricoeur.  Paris: Seuil, 1975.

(13)  Ver *Mythologies à travers le monde* de Jean Cazeneuve, Paris: Hachette, 1966.

(14)  Según Jung formas o imágenes de una naturaleza colectiva producida por todo el mundo son constitutivas de mitos y, al mismo tiempo, de un origen inconsciente generador de los arquetipos. Ver *Psychology and Religion*, New York/London, 1958.

(15)  Historias medievales como Los cuentos de Canterbury de Chaucer contienen pasajes que darán inspiración a imágenes poéticas antropomórficas e inverosímiles, aunque valiosas para su  materialización pictórica.

(16)  Es así como el collage se convierte en un artefacto típico de la Mecanización y de la Revolución Industrial, dependiendo su uso de un conglomerado de

"partes" o elementos que cobrarán forma individual/colectivamente.

(17) El gótico revoluciona la construcción de edificios, de forma que por medio de pilares podrá sostenerse todo el esqueleto del edificio. Así la arquitectura se identifica, por la base, a la anatomía de las criaturas del mundo.

(18) De los cuatro elementos compositivos del Cosmos, según Empédocles, agua, tierra, aire, fuego, el primero será el fundamental como punto de partida de una cosmología determinada también por las coordenadas de tiempo y espacio. Según Aristóteles la lógica permitirá al individuo el conocimiento por medio de los sentidos (experiencia sensible), siendo éste primordial para la aprehensión del mundo y la constitución de la materia artística.

(19) Jacques Lacan, reinterpretando la teoría freudiana del complejo de Edipo, nos sugiere en sus escritos (ver *Ecrits: A Selection*. Translated by A. Sheridan. New York: Norton, 1977), la existencia de un periodo pre-edípico, el imaginario, el cual precede al lenguaje y se identifica con el elemento femenino. El periodo simbólico, masculino, corresponde al de la formación del lenguaje y la adopción de un sujeto masculinizante que tiene "al otro" como lo feminizante, lo negativo. Julia Kristeva en *La Revolution du language poétique* identificará el periodo imaginario como el semiótico.

(20) La interpretación del texto dependerá (según Mario J. Valdés en *Phenomenological Hermeneutics and the Study of Literature*, Toronto: University of Toronto Press, 1987) de la comprensión que se tenga del mismo, así como de la capacidad de respuesta en su lectura y debate sobre los elementos que lo conforman.

(21) Así como el orden con que aparecen en la composición.

(22) Tomamos como referencia la obra de Pedro Calderón de la Barca, La vida es sueño.

(23) En definitiva, por el lenguaje. La crítica feminista no ha podido todavía dilucidar en qué medida es posible retornar al imaginario prescindiendo del mismo.

(24) Soliloquio de Segismundo al final de la última escena.

Javier Rabassó nació en Barcelona en 1959. Estudió derecho y periodismo en la Universidad Central de Barcelona, marchando a principios de los 80 a estudiar cine en París. Actualmente trabaja en su tésis doctoral sobre la recepción del espectador teatral y cinematográfico desarrollada en el Departamento de Español de la University of Toronto.

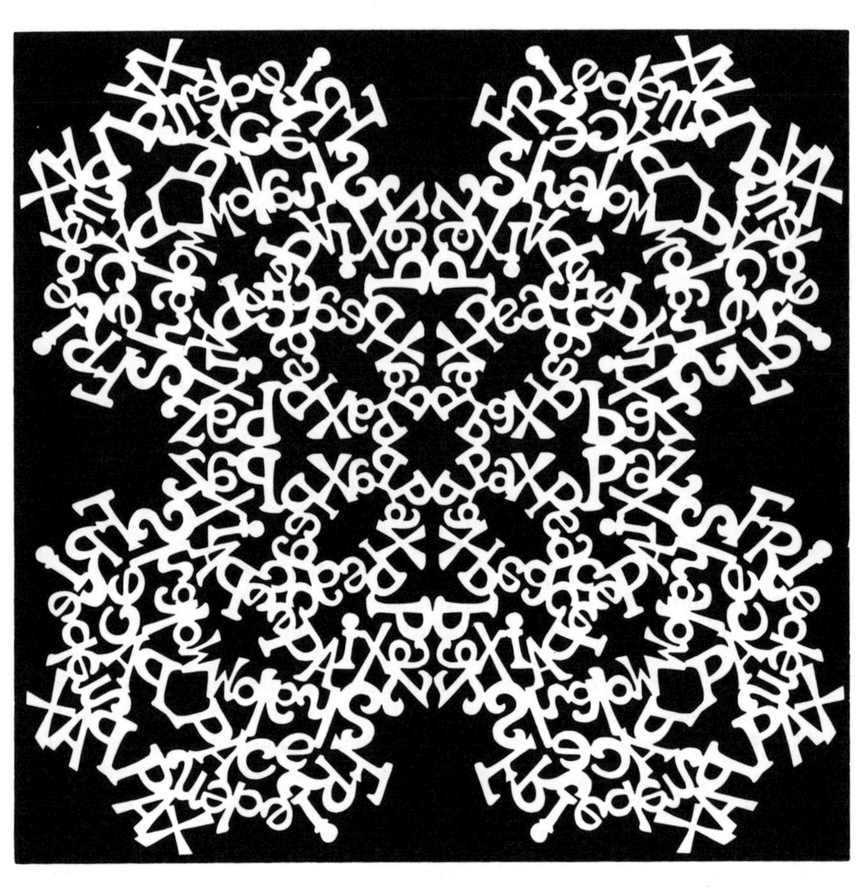

# Eduardo Milán

## VISION DE ZELLER

Se crea lo que se ama. Lo amado es un lugar, un receptáculo donde colocamos nuestro objeto del amor. El mundo se convierte, para los que aman, en un juego de reflejos. La mejor tradición poética moderna se ha continuado por el simple impulso de sus trasgresores, por esa cadena de colocadores de un amor allí donde todo parecía agotado.

No se trata, entonces, sólo de amar, sino de ver el amor en lo que se ama. Amar y ver. Visto de esta manera, el problema de la poesía moderna parece ser el del espacio del lenguaje donde se coloca la alteración personal, el proyecto de singularización del poeta. El proyecto de la poesía moderna es el proyecto de lo particular. Esto no tiene que ver, como podría pensarse, con la elaboración de un estilo: cuando aparece un poeta genuino, se encuentra con que el mundo está lleno de estilos y de cánones y de escuelas y de retóricas. Si hay que ser vidente, como quería Rimbaud, es porque existe la obligación poética -que es una obligación moral- de ver más allá de la parafernalia esquemática de los estilos. Desde esta perspectiva, lo que importa en un poeta no parece *ser el cómo escribe*, sino *de dónde escribe*, desde qué lugar.

Uno de los problemas de los movimientos de vanguardia fue la apropiación superficial del estado del mundo. el futurismo y la velocidad, el dadaísmo y el estallido del sentido, el surrealismo y mímesis del funcionamiento del inconsciente. Aunque no lo parezca la poesia de vanguardia no escapó de ser una poesía referencial. Todo poeta verdadero debió escapar del imán clasificatorio de estos movimientos.

El caso de la poesía de Zeller es un ejemplo de lo que digo. Clasificarla como surrealista me parece un eufemismo. Creo que lo que le interesa a Zeller del surrealismo es lo que no es surrealismo, esto es, la libertad, ese espacio entre el cánon y la posibilidad de alterarlo, esa brecha entre lo que está instituído y el desplazamiento a una zona de ruptura, ese margen entre lo codificado y la transgresión. Zeller escribe sobre un vacío. Esto no significa una aproximación a una poesía pura, de mundo estéril y despoblado. La poesía de Zeller está poblada de imágenes. Pero es un lenguaje imaginario que se autoabastece, cuyo poder referencial no se encuentra directamente en las cosas del mundo. Zeller produce espacios poéticos no verificables en la realidad. Escribe desde una media zona que queda entre lo que es posible de decir y comprobar con la mirada y un decir que podría haber sido. Es un canto -si es que es un canto- que celebra la existencia de una realidad paralela cuya palabra que mejor la define es deseo. El deseo, al margen de toda consideración psicoanalítica, es el espacio del no saber. El deseo existe como tendencia, del mismo modo que el presente existe como tendencia. Lo único que el poeta tiene como seguro es el pasado y su posibilidad de actualizarlo y un presente que se sueña como mundo, como organización imaginaria y completa. De ahí que resulte difícil encontrar temas en la poesía de Zeller: tal vez en la primera línea de un poema se apunte a un determinado motivo, pero esa referencialidad es pronto abandonada para dar pasaje al transcurrir de la escritura que todo el tiempo está hablando de otra cosa. Esa otra cosa encuentra cabida no en un principio ni en un fin, sino en un medio, en un entre. Poesía de desplazamientos de rizomas, de ramajes cuya desembocadura resulta imprevisible: la poesía de Zeller nos sitúa en un espacio donde la imaginación ha dejado de ser una costumbre y comienza a ser la única posibilidad de sobrevivencia.


Eduardo Milán es nacido en Uruguay. Poeta y ensayista y colaborador de Vuelta y otras revistas literarias. El presente trabajo fue leído en ocasión del lanzamiento del libro de Zeller *Salvar la poesía quemar las naves.*

# Santiago Mutis D.

# LOS COLLAGES DE LUDWIG ZELLER, EL OSCURO

Ludwig Zeller sabe como golpear con el pie el suelo del desierto para que brote un manantial, *para que surja un oasis, nos asegura* Edouard Jaguer, uno de sus amigos quien presenta la colección de sus collages que son *restos que la marea arroja al borde de la luz*, como Zeller mismo los llama.

Ludwig Zeller es un auténtico surrealista: si su dedo de pintor hiciera un trazo en el aire éste se abriría en una herida luminosa para que nosotros pudiéramos ver el incandescente misterio que nos rodea, el goce de pertenecer a él y la terrible responsabilidad de nombrar sus voces y sus criaturas mutantes, sus osamentas fosforescentes, el animal de la memoria que se oculta bajo el mar y cuya respiración crea las mareas en la oscuridad.

El padre de Ludwig, antes de la Primera Guerra Mundial, se dejó tentar por "el espejismo de fotografías" de lujuriantes bosques y se embarcó hacia Chile "con un contrato de ingeniero"; pero se encontró con "el lugar más árido de la tierra", donde pasó toda su infancia su hijo, nuestro padre, como en cierta forma lo es todo surrealista verdadero. En ese desierto, donde antes estuvo el Paraíso, no se veía el viento, a pesar de su violencia, pero su invisibilidad le sugirió al padre de Zeller inventar un prodigioso juguete: una gran "rueda de cartón" con dibujos y poemas que el viento se llevaría una "mañana muy lejos, hasta perderse... y volver al día siguiente, casi a la misma hora, cuando el viento había dado la vuelta", le cuenta L.Z. a Jaguer. Esas interminables distancias que la "cometa" recorría en una corriente invisible y leal, despertaron la imaginación de un niño que más tarde soltaría esas mismas cometas-poemas en el interior de nuestro ser para recorrer mundos y retornar al sereno asombro que da la vida: "Zeller nos sumerge en las aguas tumultuosas de nuestro propio océano", concluye Jaguer.

Devolverle al objeto lo insólito de su presencia en el mundo, hacerle hablar de la necesidad humana que lo creó, bien se trate de un oboe o de una brújula, de una balanza o de la cámara oscura. Para Zeller todo es motivo de incontrolable curiosidad, un tenedor, una polea... ¡Como si contemplara los utensilios de una tribu ya desaparecida, los cuales le revelan algo decisivo de nuestros orígenes! Zeller, insomne con los ojos cerrados, ha sorprendido el sueño de los objetos, el oscuro oficio de los seres, que mientras todos duermen deshacen lo hecho y vuelven a crear el mundo, con una voluntad profunda y deslumbrante. El resultado: un nuevo descubrimiento de la naturaleza, un inventario personal de sus objetos, un catálogo de los sueños de la materia... la utilería que el hombre ha empleado y ha ido dejando al lado del camino, al filo del tiempo, su rastro de inventor, de viajero caído que mira con extrañeza su nueva vida desde que salió del mar y mira hacia el abismo del cielo.

## II. "Insomnio con escamas"

La poesía es un acto de comprensión, una pregunta diáfana que no anhela respuesta, el espíritu de las cosas manifestándose libremente, como se cree que la realidad debería hacerlo en el sueño: ¡El mundo sin tregua!

> *Una mujer es una yegua que toma la luna en sus manos y con su aliento le da nubes y atmósfera mientras el mar se agita en la cabeza de un hombre que sueña.*

El planeta y sus dominios imperan; un expandirse y un retorno perpetuos que fluyen ante Zeller, inmóvil, sereno; todo le habla, porque el mundo lo reconoce y él acepta el misterio en su sangre.

> *La alquimia, el meteoro, alguien que retorna a su país natal, el mundo se detiene y todas las cosas liberan su sombra por un segundo, en que el universo deja oír su voz.*

Todos los objetos, el árbol, el bisturí, la campana, una tromba marina... guardan la memoria que los seres extravían. La vigilia, el insomnio, el hombre al margen de esa labor ciega de utilizar la naturaleza, ven el mundo en su lento viaje hacia ninguna parte, como un sueño que sobrevive a su amo.

*Un diamante atesora la luz en el fondo de la roca. Una mujer hace girar una estrella para saber insignificante su desengaño. Un jinete voltea a mirar hacia el cielo porque cree que alguien lo observa. El eco de un cometa se oye pasar en alguna iglesia, cuyo silencio es una mágica espera.*

La poesía alienta, devela la mentira del tiempo, observa a los habitantes del silencio, percibe la savia del árbol y de todos los demás seres que no han despertado al horror de creerse superiores. Todo contiene movimiento, y el hombre no es más que un ser obsesionado por alcanzar el horizonte.

*Un hombre, sin sombrero ni bastón, duerme: una larga escalera desciende silenciosa a las aguas del sueño, estancadas en el sótano en donde un gran pájaro lava sus alas.*

La belleza, el reposado orden de las cosas, e incluso el relámpago que alumbra el bosque —dormido bajo la misma constelación que nos desvela— son el único motivo de permanencia.

Sin poesía el hombre carece de realidad y sus certezas son inútiles piedras sin alma que él guarda como un avaro. Sus sueños son poleas que levantan su propio cadáver... ¡los restos de su apetito!

*Veleros anclados en las doradas islas del atardecer. El agua de un vaso contiene el misterio de las mareas. El aquí y el allá, el antes y el ahora, conviven como el silencio y el caracol. El tablero del reloj cuenta las sombras y las nubes.*

La fertilidad de la ofrenda, la máquina de vapor, la agonía, la mujer, el daguerrotipo, el sueño bajo la lupa, las silenciosas praderas, la hélice del mar, el desnudo y la luna, los pájaros... Todo contiene una llama o gira con su calor, que Ludwig Zeller conoce con la sabiduría de quien ha resistido al ascenso de lo que habita en el fondo sin que por ello "le estalle la cabeza". Max Ernst, Enrique Molina, Ludwig Zeller... ¡el vigorizante surrealismo haciendo hablar a la remota naturaleza!

Recelo, desconfianza ante el destino que se nos echa encima: toda postura es una máscara a la que hay que arrancarle la verdad.

Las certezas, las codiciadas certezas, son un destello, después mentira, deleznable perfección: nada se dice de una vez para siempre. Contradicción, impureza, mundo que no se detiene ante las certidumbres pasajeras de sus criaturas. El presente no es sólo el momento, es también memoria, superposición de tiempos, futuro, alma inmutable: la calma es el espacio de la tormenta, el silencio es también el trueno que se aproxima. El sueño es tan falso como la realidad: sólo quien mira con crueldad su rastro puede ver algo. La risa, ¡el crimen!... si el hombre que observa no es un abismo no puede medir los actos de sus semejantes. En Ludwig Zeller todo es un espléndido naufragio, cuyo significado enaltece a los seres que lo propician, los vanidosos mortales: ¡la plaga más deslumbrante que habita el insondable milagro de los vivos y de los muertos! Sobrevivir, gozar y padecer el destino que se nos reserva. Luchar, contradecir, enriquecer los designios que desde hace mucho gobiernan la sangre. ¡El arte es una impostura que desentraña al hombre! Nadie con mayor fuerza para dejar ante nosotros el turbio curso de nuestro devenir que Ludwig Zeller, el espléndido, el oscuro, el enamorado.

Magazin Dominical, Octubre 3, 1982. Bogotá, Colombia.

Santiago Mutis Durán nació en Bogotá, Colombia en 1951. Es autor de *La novia del cielo* (1980), *Soñadores de pájaros* (1987), *El visitante* (1986) y *Tú también eres de lluvia* (1988). Dirige la revista literaria *Gradiva* que aporta una nueva visión de la literatura latinoamericana. Como compilador ha realizado una serie de trabajos sobre literatura colombiana.

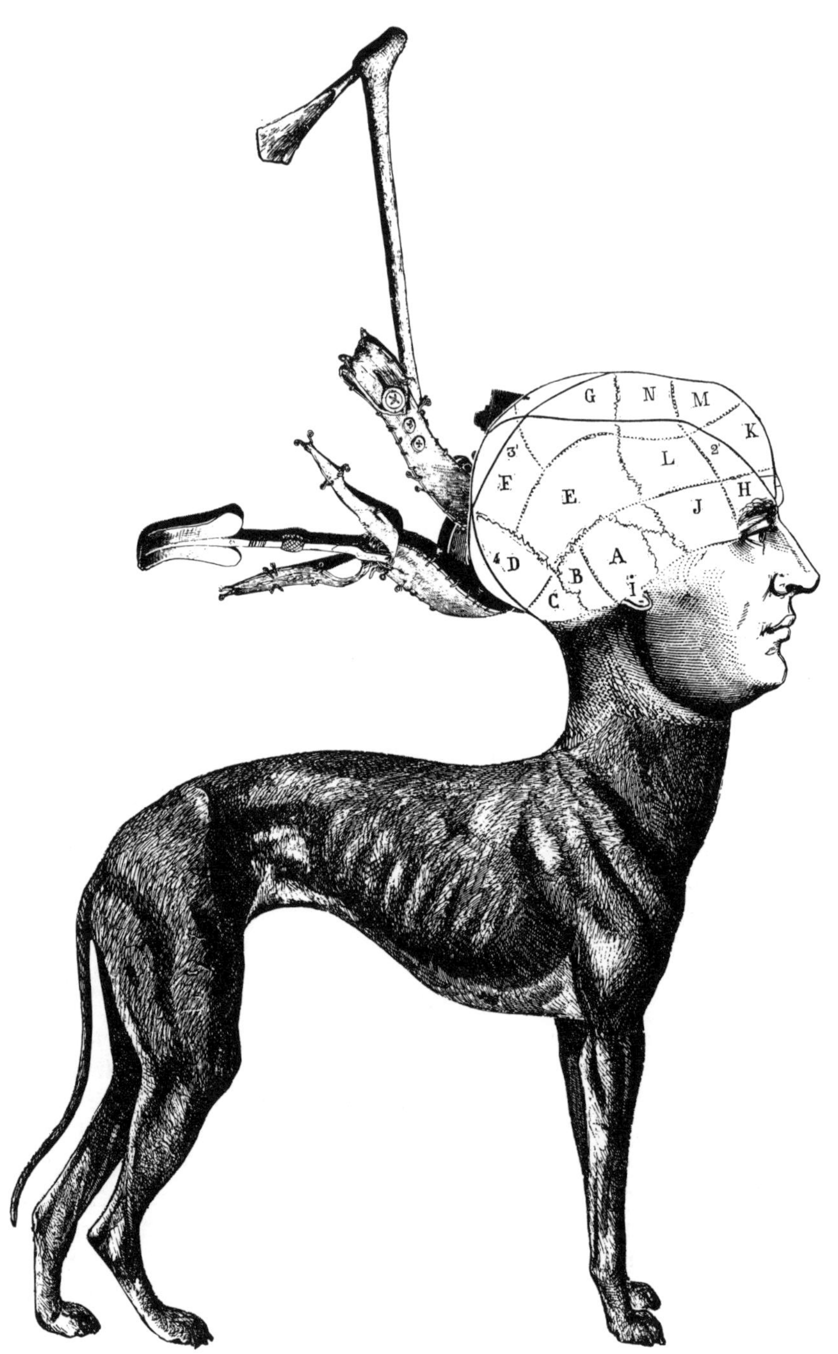

G N M
3 K
F L 2
E E H
J
4 D A
C B i

# Eduardo Espina

# VISION DE LA IMAGEN EN LA POESIA DE LUDWIG ZELLER

Desde Novalis en adelante el discurso poético ha tratado de resolver el problema de la representación mediante un cuestionamiento de la imagen como experiencia formal y revelatoria. Con el romanticismo alemán, que en verdad es la primera actitud estética en desatar las innumerables posibilidades del delirio como instrumento de conocimiento y de acomodar el caos de lo indescifrable de acuerdo a otro orden hallable en las antípodas de la razón, la poesía acepta el riesgo de articular las múltiples y contradictorias apariencias de lo real en un espacio lingüístico donde la diversidad de las cosas posibles no queda reducida a un signo literario que hasta ese entonces había encontrado su satisfacción en la síntesis y en lo verificable. Sin embargo, es recién con el surrealismo que el espectáculo de lo imaginario se hace autotélico, adentrándose más en su íntimo espacio para vislumbrar la incertidumbre fenomenológica de la naturaleza, la cual se esconde pero de otra manera. Con el desenfado surrealista la construcción de la realidad es subvertida: no se logrará a partir de un regreso a sí misma (la mímesis sería inadmisible) ni tampoco a través de una elaboración conceptual de tendencia racional o silogística. Más bien, el acercamiento entre realidad y lenguaje se dará como encanto y disolución, no del mundo, sino de la imagen que de éste sale y que a éste regresa distinta. Así pues, con el movimiento que puso en boga la fascinación del sueño y de lo impremeditado, el mundo es visto como imaginación y deseo. En ese lugar precisamente, donde texto y universo se identifican en la misma imagen sonora, en la misma cantidad de gozoso intercambio, se sitúa la poesía de Ludwig Zeller, espacio de admonición de una letra que ve y que puede ser vista. El poema como invención del universo: la imagen que lo define y lo sostiene no es material, ya que no refiere a una especificidad objetiva sino a una vivencia sensorial y perceptible que no puede probarse en la realidad por la sencilla razón de que no necesita de pruebas o confirmaciones para establecer su congruencia. Regreso al primer día de la creación: el ojo no ve, imagina. Lo que permanece como enigma en esta lírica es lo inmaterial de lo perceptible. El fondo que se motiva es visionario: el signo poético no tiene antes ni después; es imagen que a sí misma se edifica. Como en el místico o en el iluminado, el desbordamiento de lo visual parte de un vacío a ser colmado; un vacío no de la existencia sino del ver. El texto, en la incandescencia fenomenológica de su decir dispersivo, emite preguntas, interrogantes circulares: ¿Qué es lo que se ve y a quién es el que se ve? ¿Cuáles son las palabras y cuáles las imágenes que les corresponden? En la poesía de Zeller la mirada tiene lenguaje y es protagonista de la presencia realizada de la imagen como representación de lo irrepresentable; el lenguaje expresa la continuidad de sus asombros y disparates para ver la realidad con los ojos de las palabras. La escritura es un magnífico periscopio: "Dentro o fuera pensamiento o palabra imagen o acción / Sino una pura única fuente viva de llamas abriéndose / bajo la lengua el verbo cual látigo de estruendo y de dolor".[1] Las preguntas son intermitentes pero el texto sugiere otra salida, no la del responder: "No preguntes. Escucha"(76). La imagen ahora se deja oír: "Oigo mover los hilos en lo alto veo la luz pero no tengo párpados" (77). El mundo es visto como una unidad unísona donde todas las cosas se cumplen. Allí se supera la antinomia entre lo real y lo imaginario para dejar emerger en el lenguaje una identidad afirmativa que no distingue entre lo subjetivo y lo objetivo, entre lo parcial y lo definitivo, entre la representación mental y la percepción física. Las asociaciones analógicas no muestran su procedencia ni su arbitrario destino: "Y el verbo baja al fondo del volcán alimentos del sueño / Que mordeis a sollozos sobre el rastro donde el cangrejo / Eremita empuja la piedra hacia el sonido final" (61). Negación del pensamiento cartesiano que condena a la imaginación por participar de la falsedad del conocimiento sensible; en la lírica zelleriana la ambivalencia y el engaño son celebrados; en el estado operatorio de la imaginación, lo onírico (sueño), lo alucinado (el verbo en el volcán) y lo real ("la piedra hacia el sonido final") tiene igual valor de conocimiento: una continuidad desconocida cuyo escenario puede ser, como anticipaba Gérard de Nerval, "cierto en este mundo o en los otros". En esta poesía la revelación fenomenológica transforma en realidad lo que imagina, haciendo visible la existencia de todos esos mundos, posibles ahora o después: "Otro mundo se superpone al vuestro otras imágenes / A las presentes y estamos meciéndonos en el agua / Nuestra memoria es cercenada la tierra es gastada por la sal" (71). En el breve pero intenso prólogo de *Salvar la poesía quemar las naves*, Alvaro Mutis dice que desde un principio Zeller "ha buscado en la imagen, dispuesta según el orden sin reglas de su particular e intransferible teogonía, un apoyo y una corroboración, una prueba y un nuevo testimonio desde el rincón opuesto, de lo que en palabras dispuso como poema" (9). En esa "corroboración" de la imagen oscila el objeto del conocimiento poético, el cual busca indiscriminadamente figurar una estabilidad entre lo real y lo imaginario, una solución de permanencia. No obstante, la imagen se mantiene como presencia infija y calidoscópica, rechazando en la figuración de sus diferentes máscaras el espejismo de seguridad originado por la percepción actual. En la zona de vigilia de los signos, en el espejo transparente de la página donde imaginación y deseo se superponen, las cosas sueñan su ser completo y resisten la quietud ontológica experimentada por la razón como principio definitorio de la realidad: "Y aquel ser de mil ojos el paridor de imágenes ensaye de nuevo / Ese canto olvidado de un sol tibio cuerpo alzado en estrías / Por la espuma que aún bajo la sombra nos seguirá soñando" (74). La lírica zelleriana crea desplazamientos en la estructura de la realidad, en las formas donde ésta se exhibe, amenazando con su práctica disolvente las varias trampas de la percepción, la cual pretende duplicar la semejanza de las cosas, detenidas para ser descubiertas en la ilusión del universo. Por lo tanto, la reconstitución del ser de la realidad acontece como tarea imaginaria que en la pulsión del deseo aniquila de manera definitiva la credibilidad de lo real. En la imagen que se concede como esencial diversidad, todo intento de unidad es pulverizado: "Las hojas de la realidad y las mil realidades simultáneas / Unísonas como un aullido o una llamarada interminable / Aquel ruido de agujas ese silbido de calderas a punto de estallar" (70). La imagen, simultaneidad de realidades, es un acto y un destino que permite realizar la voluntad de una conciencia alucinada (es decir, lúcida), donde la actividad del signo poético origina espacios substituyentes del origen: invención de una utopía que sólo la "Palabra" satisface: "Sobre la gran espera de remotas edades siento llover / Donde crece la estrella chagual la cineraria ardiente / El verso de mil venas cortado y en el tajo la Palabra" (64). La palabra cobija en sus pliegues de significancia la esperanza de una práctica visionaria que hace partícipe al poeta de una vivencia excéntrica que bien podría ser aquel "me piensan" de Rimbaud, facilitando su coincidencia con los excesos de la realidad, allí donde se revela la actividad de la naturaleza como algo completamente asistemático, espontáneo, diferente, pero sustituible en la complejidad de un pensamiento cuya revelación es también imaginaria. En esta facultad liberadora se pacta la relación de acercamiento entre dos o más realidades antípodas que al fusionarse como expresión distinta de un mismo texto invierten su sentido, se desrealizan, o mejor dicho, se *surrealizan*. Como señala Ferdinand Alquié, "la imaginación surrealista rechaza lo dado y lo desrealiza; en la vida cotidiana, el deseo escoge lo que le satisface, y al haber roto los marcos lógicos de percepción se permite todos los acercamientos, que constituyen un manantial de aclaraciones".[2] En la lírica de Zeller la imagen no es una sustitución o una comparación, sino una presencia, una figura viva de encantación. Es el origen y la invención de una sustancia formal: no la continuidad de algo sino su mejor comienzo (su origen reencontrado) pues su fulgor y su traza en el texto propician otros modos de participación en las múltiples máscaras de la representación. Aquí, el lugar de lo visionario, es decir, del sostén de la imagen como existencia y no como intermediaria de algo, se convierte en la diferenciación de un mundo constituído con sus leyes implícitas y con su propio lenguaje, que no necesita de referentes para confirmar su existencia: "Cantárida cuyo cuerpo invisible se despliega / En el mármol de planicies sin fin esas cascadas / Labios que se abren que repiten una imagen eterna"(62). La satisfacción de lo visual deja salir a luz la afectividad de las cosas, en tanto facilita el arrobamiento y la susceptibilidad de éstas. La palabra revela la interioridad de lo visible, de aquello que está dentro pero que se muestra como material sensible del mundo empírico. La gratuidad de las formas es cuestionada para dar razón de ser a la conciencia de las cosas, la que se presenta como esperanza absoluta de lo material y como continuidad de algo existente pero indefinible. Esto incluye la presencia del "otro" y de "lo otro", no verificado pero intuído en el proceso de alteración como "promesa instantánea de no se sabe qué promesa".[3] Esa "promesa", que bien podría ser la confirmación de la esencia en la existencia, transpasa en la escritura los límites de la contemplación para situarse en el territorio del puro enigma, de aquello concebido como algo que no tiene ni principio ni fin: "Interroga los límites del deseo primero esa arcaica pasión / Del Agua por ser Fuego del Aire revolviéndose para formar / En Tierra el vendaval eterno sin principio ni fin" (75). La imagen, paradójicamente, no tiene forma: es conocimiento de esa actividad maravillosa (el acto del poema) que consigue representar una figura inexplicable. De esta manera, la escritura zelleriana se convierte en abolición de lo inefable; el mundo es una gran duda: creado a partir de las palabras y no antes de éstas. Escribo luego imagino; imagino luego (después) pienso. A su vez, el torrente sonoro y visual de la discursividad aniquila la solidez lógica de las cosas existentes para dar rienda suelta a una infinitud de posibilidades y nuevas relaciones contenidas en la cantidad enunciada que sirve para recobrar la versión definitiva (o total) de esa "iluminación sistemática" anhelada por los surrealistas. Incluída en su mejor recinto (en la arborescencia del poema) la realidad se desprende de sus dudas: su imagen, como recuperación de la unidad perdida entre lo subjetivo y lo objetivo, es la medida de todas las posibles versiones del mundo. Es el ser disfranzándose en las cosas y éstas confirmando en su imagen la validez de un lenguaje inmaterial: "Ahora no sé si al escribir resuena un eco en el tambor lejano / La misma letra, el nombre o si al hablar sólo repito enigmas / En un sueño. Me revuelco en la cama quizás otro pregunta allí" (87). La poesía de Zeller translada la herida fenomenológica de la representación al universo improbable de una discursividad que rechaza la posibilidad de definición. Señala Mutis que con Zeller "no hay medias soluciones: lo que no es poesía está condenado sin remedio, pertenece al impreciso mundo de la nada" (8). La significación va hacia todo, por más que la "nada" (la posibilidad infinita) sea lo que represente: "Ahora estaban frente a sí, en el miedo de tocar lo imposible" (101). La utopía de imposibilidad es superada en la imagen y en su vibración de continuidad, la cual resulta ser la única esperanza ontológica, no sólo de conocimiento de lo real inmediato sino de liberación de éste y de todo atisbo de inmanencia. La oportunidad platónica que la palabra toma en cuenta no ignora la apariencia fundamental de la realidad, por más que esto podría suponer un *presentimiento* de ontología que no llega a convertirse en ontología, tal cual se esforzó Kant en demostrarlo. Sin embargo, como se ha visto en los ejemplos precedentes, la reconciliación con el descubrimiento de las cosas lleva a un estado revelatorio de posesión de la realidad, donde la naturaleza de lo visual es absoluta, como si la imposición de una belleza inaudita diera razón a lo que es visto sin necesidad de complementarias disquisiciones. En el ojo acontece tanto la totalidad del universo como su ausencia; el ser y su sombra, el espejo y el que lo mira: "Pero gano en las llamas la pupila / Con la que puedo ver allí en el fondo como alguien corre / Esfúmase, huye en la sombra, es nada..." (86). Sugiere Alquié que "la belleza surrealista es lo imaginario mismo", rechazando que "se la relacione con otra cosa que no sea ella misma y superándose hacia un fin que la trascienda". En tanto reconocimiento de su autonomía estética y ontológica, la poesía de Zeller se suma en su individualidad a la celebración surrealista de la belleza como objeto de conocimiento. En la lírica a consideración, la belleza en tanto apertura de la imaginación hacia su propia práctica de independencia asertiva y formal, es el conocimiento mismo. El mundo como problema y como símbolo es la complacencia estética (la belleza como signo) de un fascinante paisaje que en su hermética conspiración pone al lector o al oyente en un estado consternante, por no saber *qué* ni *quién* es el que mira, ni siquiera adivinar si aquello tenido como actual existe o es parte de una treta imaginaria: "Y alcanzar más allá de la piel que arde aquel lente / Con que poder mirar lo inaprehensible" (87). De esta manera, para Zeller la poesía es el cumplimiento de la belleza como descubrimiento de su propio ser: sitio ideal de todas las analogías donde la palabra, en tanto signo de una existencia que ha asumido los acechos y recompensas de la desesperación, supera todas sus limitaciones, ya semánticas como ideales: "Tantas veces al hacer un poema, al enganchar / Palabra con palabra, imagen con imagen, he vuelto a desgarrar / los negros numerales que aprisionan al hombre que en mí vive" (105). La palabra no refiere a una imagen, sino que crea la suya propia. Quizás en esto se encuentre parte de la disensión de Zeller respecto al surrealismo tradicional; la imagen visual tiene predominancia sobre la sustancia verbal: "Hoy vienen los fantasmas y en la mesa que gira / Veo crecer las flores bajo el llanto sediento / Del ojo que en el centro del plato está mirando" (41). La expansión de los poderes enunciativos de esa belleza absoluta (no porque se acabe en sí misma sino porque es conocimiento) no provienen de preocupaciones retóricas o gramaticales autocomplacientes que podrían llevar a un peligroso solipsismo formal. Más bien el enriquecimiento del lenguaje parte de una proliferación en la apoyatura retórica y en la dinámica mutante de lo que se muestra como visión insatisfecha. Como en sus collages, la imagen nunca está sola en la lírica de Zeller; siempre hay algo detrás de ella: su propio yo, sus otros seres o quizás su otredad, la capacidad de ser lo mismo o incluso de negarse para empezar de nuevo: "Mordidas, rebanadas las imágenes, para saber / De dónde, adonde estamos, de alto a bajo / Las abro como si fueran puertas"(36). La escritura deja oir su voz en el silencio sospechoso de la imagen, en la entropía resuelta como "ritmo cromático". La "penetración del mundo por la vía oculta" y "la criptestesia lírica de los bajos fondos" que promovía Breton como objetivos principales de toda verdadera práctica estética, se actualizan en la exploración de la inmensa gama de posibilidades combinatorias y de invención que la *imagen objeto* (la que permite realizar lo visual y lo sonoro al mismo tiempo) promueve como exigencia privilegiada de iluminación. Los juegos combinatorios del texto mediante la complicidad del deseo, además de salvar el futuro de la imagen y de afirmar la conciencia de belleza que construye la autenticidad y los instantes supremos del conocimiento, dejan salir a flote el verdadero destino de la realidad, la cual alcanza su plenitud, su momento de comprensión infinita en el correlato del lenguaje: "De escuchar con los ojos hasta sangrar de insomnio / Y ver la imagen única, ritual del laberinto / Donde se prueba Dios sus nuevos cuerpos"(37). Además de mostrarse en la desnudez de su conciencia, la imagen habla con sí misma para dejar oir en su voz (o "de escuchar con los ojos") el sentimiento de las cosas tal cual se ven y se presentan a la luz de lo inmediato. Así entonces, el escenario del poema inaugura la nueva imagen de la naturaleza: como presencia autotélica de la imaginación. La emoción física de los objetos sale del campo de lo definible en términos lógicos; las cosas vuelven a su dispersión original; son y no son al mismo tiempo, seduciendo con su "ritmo cromático" la vigilia del poeta: "Y surcamos un túnel y otro y otro, en donde a cada paso / Sólo veo estaciones de mi mente, fragmentos que he vivido / Cuerpos en los que he sido sólo el alma"(54). La realidad, el orden aparente de la naturaleza, pierde todo sentido de objetividad.

Mejor dicho, su universalidad es subjetiva. La disposición de las cosas alcanzará su más exacta lucidez en el espacio recorrido por la escritura, allí donde se cumple completamente la aserción surrealista: "lo más admirable de lo fantástico es que lo fantástico no existe; todo es real". La "admirable" realidad (y por eso la única auténtica) es la poética; la que permite la perfecta unión de la palabra con la imagen. No hay tal escisión; la realidad del poema es absoluta. La disponibilidad para el encantamiento proviene de una apariencia superada: dialéctica que en el acto de la contemplación deviene *unidad iluminada*. El objeto no se convierte en cosa, sino en imagen determinada por el lenguaje y por la sugestiva transformación en éste. Como se ha insistido, la imagen, dada a su destino de discursividad proliferante en el poema, desrealiza lo real para sostenerse únicamente por su condición de existencia en tránsito hacia otra realidad, apenas intuida como algo interminable, "tan real como el paso de la sombra sobre el corazón"(66). Ese recorrido hacia la "divinidad adivinada" que los surrealistas ponían como fundamental aspiración del artista moderno, se presenta en la poesía de Zeller como recurso de crítica de la realidad experimentada como reconocible. La imagen duda de su lugar en el mundo: más que alivio para la razón es un cuestionamiento de su eficacia; más que certeza confirmada es interrogación que busca su descubrimiento. Pero a diferencia del surrealismo tradicional que celebraba la condición arbitraria de la imagen, aquí el paisaje visual es producto de una práctica intencional que a pesar de cuestionar la posibilidad de comprensión, presenta signos de una voluntad demiúrgica que hace de la voz del poeta algo definitivo: "¿Debería ser yo quien decidiera si podían pasar al otro lado / O dictar su sentencia? / —Tú eres el implacable, me dijeron"(119). El escenario donde la poesía asoma los rasgos de su gestualidad es también implacable como la voluntad de su hacedor, pues el desciframiento de la palabra tiene la intención de exhumar lo *imposible* (aquello que rechaza la "decibilidad") para ocultarlo en un orden simbólico que se desvía de sus referentes. Por eso mismo es que en la lírica de Zeller se reitera un colmar de lo visual que lleva a una anunciación iluminativa, la cual tiene un fondo empírico y un carácter analógico pues confirma una presencia absoluta que es reversible y que permite sobrepasar la inmanencia ontológica de las cosas: "¿Vibras tú, dura forma, fría mudez, silencio, / o eres tan sólo piedra donde canso la sangre? / Velo en la noche, solo; te oigo llorar"(15). La imagen, la "dura forma" en "silencio" (pero viva y capaz de manifestar sentimientos) no se reduce al principio de la forma que en apariencia la define, sino que otorga un sentido trascendente a la idea de los objetos, convirtiendo en irrisoria la distancia entre la imagen y su referente, entre la conciencia fenoménica y la conciencia idealista que distingue la figura representada del universo. Todo parece (y la apariencia es virtud definitoria de lo real) estar incluído en el laberinto del lenguaje, incluso la dudosa identidad de las cosas y la imagen formal que al presentarlas las corrompe, eliminando, al provocar el acercamiento entre el deseo y su representación, el drama de subordinación ontológica producto del conocimiento racional. La imagen, por lo tanto, reconcilia al mundo con el lenguaje. De allí que pueda decirse que en la poesía de Zeller la palabra concreta la representación imposible de la imagen, definiendo la identidad conmovida de un ser que imagina y reconstruye las huellas del origen, para terminar preguntándose en azorada inestabilidad, "¿Yo soy yo?"(77), "¿Quién eres tú?"(113), "¿En dónde está tu imagen?"(101), "¿Allí está quién?"(89), "¿Estamos aquí prisioneros del azar?"(70), "¿Son sólo ascuas que humean las palabras?"(68), "¿Si todo era ilusión, qué estamos viendo?"(108). Al cuestionar la autenticidad de la realidad, la escritura se pregunta a sí misma. La poesía, otra vez, es el sitio inestable donde el poeta al ver, escribe, y al escribir intenta romper los insatisfechos lazos del conocimiento. Se escribe y se imagina para conocer, por más que las respuestas estén en todo y en nada: como la propia naturaleza, la palabra también se esconde en sus incontables imágenes. Incluso el lugar del origen y del presente es desconocido. No en vano, la pregunta que aspira a la más importante de las certezas fenomenológicas, se repite en reiterados poemas: "¿Dónde estamos?", interroga el poeta a su escritura en varios textos correspondientes a distintas etapas cronológicas que van desde 1964 al presente. Sin ninguna variante, la pregunta aparece en los poemas: "A Aloyse" (en *A Aloyse*, 1964), "Un paciente increíble" (*Las reglas del juego*, 1968), "*Cuando el animal de fondo sube la cabeza estalla*" (en Cuando el animal de fondo sube la cabeza estalla, 1976), "Sobre las ascuas soplo" (en *Ejercicios para la tercera mano*, 1983), "Con vidrios en la almohada" y "Muñeca de cantáridas" (en *La cabeza de mármol*, 1984). La carencia de un sentido unificante no implica un vacío en la significación, sino una multiplicidad de ésta que conduce a un juego de perspectiva y que establece una indiferenciación entre el sujeto y las cosas, entre el hacedor y los objetos que lo acechan. En definitiva, más allá del fulgor de un lenguaje abandonado al capricho de su destino, toda respuesta definitiva quedará ausente. La imagen, en tanto aventura en los extramuros del conocimiento, celebra sin interrupciones la vigencia de su espontaneidad. Lo demás será apariencia, desafío de la comprensión. De esta manera, la poesía de Zeller irrumpe en la exigencia de estabilidad de la naturaleza constituyendo la más desmesurada exageración de las cosas, las cuales de ahora en adelante sólo se mostrarán para ocultarse: versión iconoclasta de lo que son. Al crear una fisura en el misterio inefable de la realidad, la escritura se deja tentar por lo visionario para hacerse presencia improbable y resistir los engaños de la representación. En su desafío de la certeza se origina la imaginaria ilusión de una belleza epistémica y subversiva.

**NOTAS**

1.      Zeller, Ludwig. *Salvar la poesía quemar las naves*, introducción de Alvaro Mutis. México: Fondo de Cultura Económica, 1988, p. 76. Las citas de los poemas provienen todas de esta antología que contiene parte fundamental de la lírica de Zeller. Entre paréntesis irá el número de la página. Los comentarios de Alvaro Mutis también son de este libro y se citan de la misma manera que los poemas.

2.      Ferdinand Alquié. *Filosofía del surrealismo.* (Barcelona: Barral Editores, 1974), p.166.

3.      André Breton profundiza en esta idea en varios de sus libros, especialmente en *Le revolver à cheveux blancs* (Paris: Les Cahiers, Libres, 1932).

4.      Alquié, p.177.

5.      Todos estos poemas están incluídos en *Salvar la poesía quemar las naves*. Refiero por orden sucesivo las páginas en donde se encuentran: 24, 27, 41, 84, 97, 112.

Eduardo Espina nació en Montevideo, Uruguay. Ha publicado el libro de poemas *Valores personales* (1982) y tiene inéditos *El discurso de modernidad* (ensayo), *Un jardín lleno de búlgaros* (poemas) y *Curso de lingüística amorosa* (poemas). Toda su investigación está centrada en el estudio del fenómeno poético. Desde 1980 reside en los Estados Unidos y en la actualidad enseña en Texas A&M University.

# FOCUS ON LUDWIG ZELLER
## POET AND ARTIST

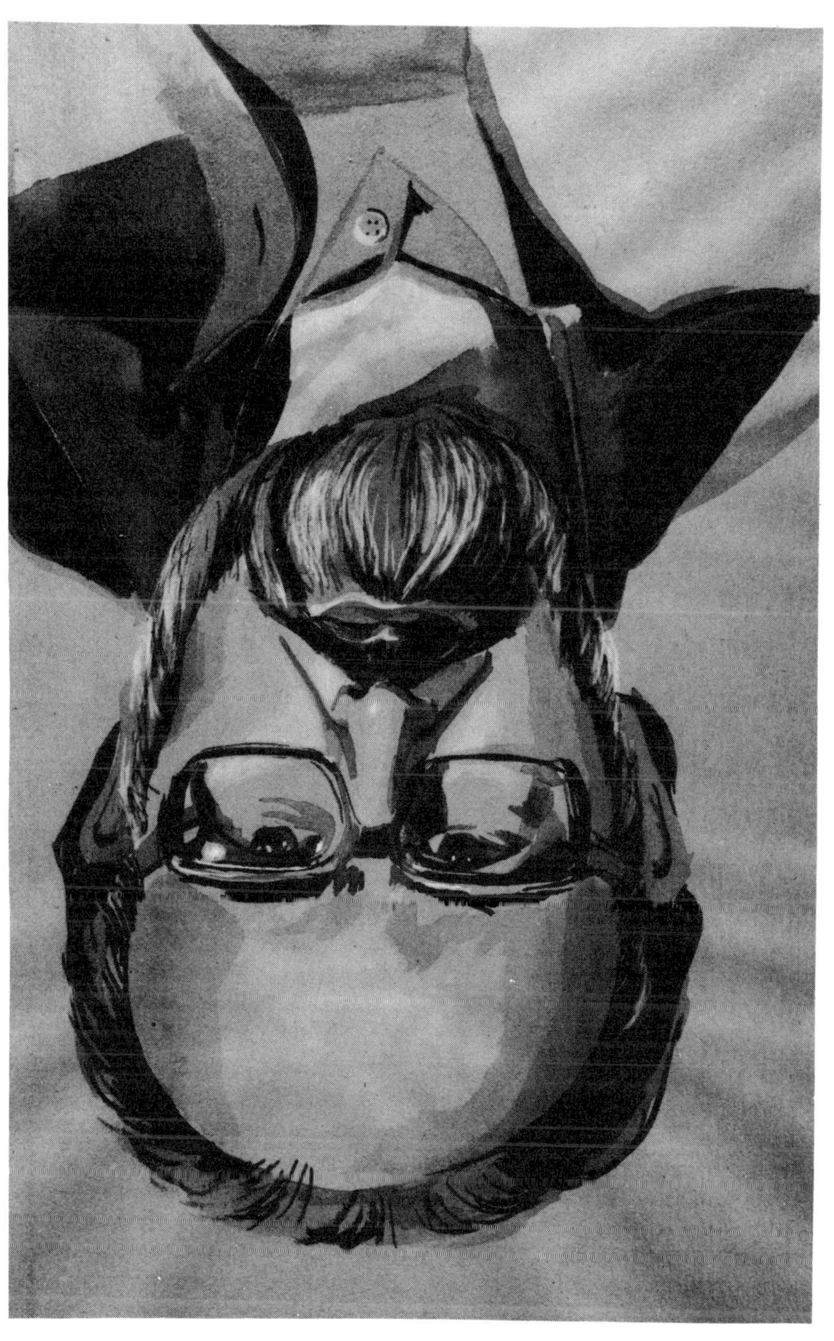

# FOCUS ON LUDWIG ZELLER
# POET AND ARTIST

Edited by Beatriz Zeller

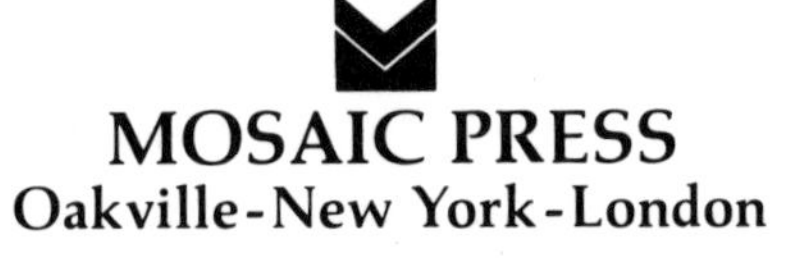

MOSAIC PRESS
Oakville-New York-London

**Canadian Catologuing in Publication Data**

Main entry under title:

Focus on Ludwig Zeller, poet and artist = En foque
        Ludwig Zeller, poeta y artista

Text in English and Spanish.
ISBN 0-88962-498-4

1. Zeller, Ludwig, 1927-    -Criticism and interpretation.
   I. Title: En foque : sobre Ludwig Zeller, poeta y  artista.

NX513.Z9Z45  1991        700'.92        C91- 095544-1

No part of this book may be reproduced or transmitted in any form, by any means, electronic or mechanical, including photocopying and recording information storage and retrieval systems, without permission in writing from the publisher, except by a reviewer who may quote brief passages in a review.

Published by MOSAIC PRESS, P.O. Box 1032, Oakville, Ontario, L6J 5E9, Canada. Offices and warehouse at 1252 Speers Road, Units #1&2, Oakville, Ontario, L6L 5N9, Canada.

Mosaic Press acknowledges the assistance of the Canada Council and the Ontario Arts Council in support of its publishing programme.

Copyright © Ludwig Zeller 1991
Design by Ludwig Zeller and Susana Wald
Typeset by Heather Wade

Printed and bound in Canada.

ISBN 0-88962-498-4

MOSAIC PRESS:
In Canada:
    MOSAIC PRESS, 1252 Speers Road,  Units#1&2, Oakville, Ontario L6L 5N9, Canada. P.O.Box 1032, Oakville, Ontario L6J 5E9

In the United States:
    Distributed to the trade in the United States by:  Kampmann National Book Network, Inc., 4720-A Boston Way, Lanham, M.D.,20706 USA

In the U.K.:
    John Calder (Publishers)Ltd., 18 Brewer Street London, WIR 4A5, England

# TABLE OF CONTENTS

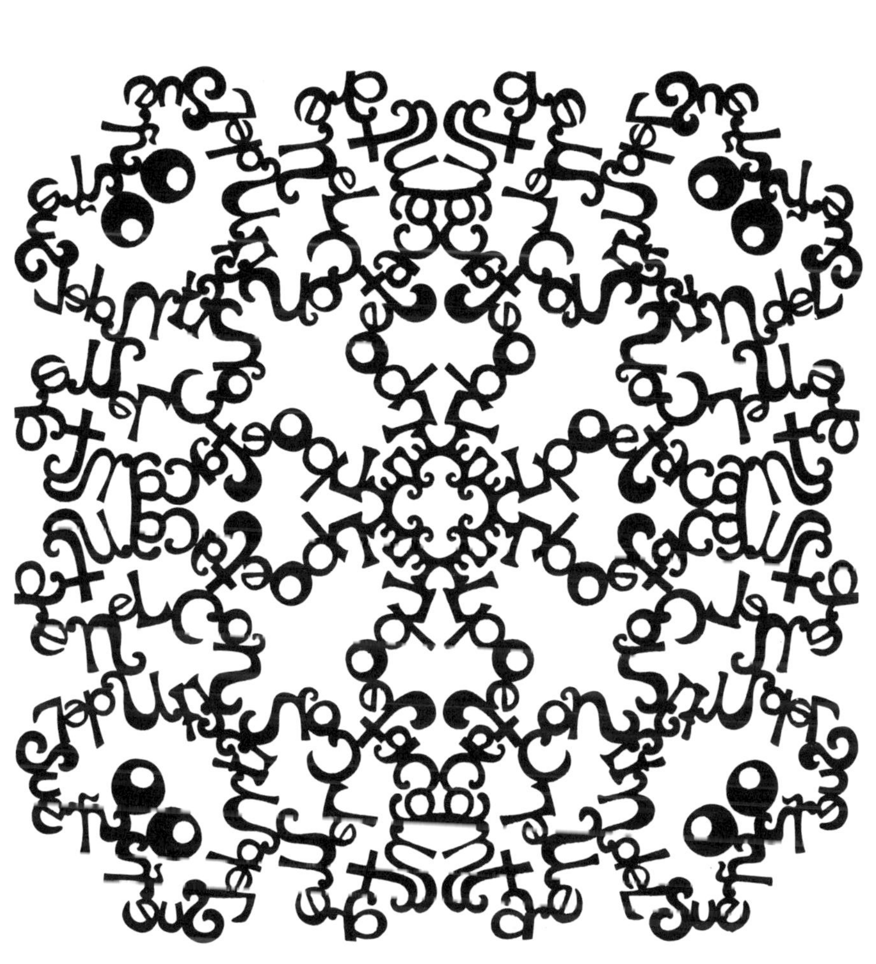

# LUDWIG ZELLER, TATTOOING THE GHOST

Knowing Ludwig Zeller means to touch a magical universe where time flows differently, where anything is possible. The absolute becomes a reality. I can't conceive of the world without his mind, without his spirit, however it may manifest itself. It is my luck to have come to know someone of so many facets, so full of nuances, nuances that, since I was a child, have translated themselves into an image of extreme intensity. Time has allowed me to decipher that image and thus come to a better understanding of the man. The innumerable hours that Ludwig has patiently spent talking with me have allowed me to touch the often hurting, often playful face of a person forever astonished at the world. Because I have grown up under his paternal care, because I have worked very closely with him during my adult life, it is perhaps fitting that I introduce a collection of essays about Ludwig Zeller, by touching, albeit superficially, some of the many topics that have peopled our long dialogues over the last twenty years.

Ludwig's life has been an unusual one and this may account for the image he projects and which José Miguel Oviedo characterizes as something of "radical strangeness." He was born and spent his childhood in the desert of Atacama. This fact marks his conception of the world deeply. The dichotomy which is the trademark of his work finds itself there, at the point of origin, in Río Loa an isolated community where the majority of those who constitute the veritable mythology that is Ludwig's childhood, were of Bolivian Indian origin. When my brothers and I were children, Ludwig would tell us about his incredible adventures in the desert. I thought at the time that this must have certainly been a place different from all others on the face of the earth, a sort of continent yet to be discovered, as in the stories of Jules Verne. His parents, his brothers and

sisters, the people of Río Loa, came to make up in my childish mind, a sort of novel where all the characters were real, so vivid was the image he communicated of his desert childhood. With time I have come to understand that though it is true that the landscape must have inevitably left its trace in Ludwig's conception of the world, it is undoubtedly his nature as a poet which so enriched our childhood life with those stories of "Doña Tomasa," the "mirages," of his mother's relationship with the woman of "the little pitcher." Edouard Jaguer in his introduction to *50 Collages* shows how the seed of a great deal of Ludwig's creative strength lies there, in his desert childhood.

His being a poet, his sensibility and ability to transform the world have definite roots. His father, a German engineer who married Rosa Ocampo, a Chilean woman of old Extremaduran extraction, was himself an exceptional man who early in the Century dared to break with many of the molds that European society imposed on him. It is necessary to understand the leap that Wilhelm Zeller made at the time when he left behind a long but stale tradition of scholars in Germany in order to settle down in a remote settlement in the middle of nowhere: Río Loa. The element of marginality that this entails is therefore present from the beginning and will mark each and every stage of Ludwig's life. Even though this implies a conscious acceptance of solitude, it also endows him with the necessary freedom to face each stage of his life with complete independence. His affinity with Surrealism, a philosophy that proposes the absolute here and now, is easy to understand in this context, as is his insistence in taking the experience of everyday life to its limits, in order to catch a glimpse at what lies on the other side of the mirror.

Ludwig once showed me a picture of himself at age fourteen: the image of a child as though touched by a storm is etched in my mind; there is a fierceness, something almost violent which juxtaposes itself to the innocence of someone barely entering adolescence. The image I have been able to piece together of the early part of his adult life, through memoirs or accounts such as the one we reproduce here by Hugo Goldsack, make me think that youth, a happy time for most of us, was the hardest, most tormented period in Ludwig's life. It is an experience that translated itself into a rebellious and uncompromising soul. Although a great number of the poems from those early years have been lost, the image of the person he was emerges clearly, not only in the lines, but in the title of his first collection of poems, *Exodus and Other Solitudes*.

To this uncommon childhood we can add the fact that Ludwig Zeller's formative years as artist and poet coincided with a great effervescence in the cultural life of Latin America, especially in Chile, a country with the unusual luck of producing three consecutive generations of exceptional poets. However, even though Ludwig participated actively in Chilean cultural life, somehow his contribution to the literature and

visual arts of the time was not widely accepted by Santiago circles and remained somehow marginalized. Ironically, at the same time, Zeller also acted as a kind of "motor" that catalized radical changes in the forms of expression both in the literature and in the plastic arts of the Fifties and Sixties in the Chilean milieu. To some extent, this is a role he assumed despite himself during the fifteen years he worked as director of the art gallery of the Ministry of Education, and of other major Santiago exhibition spaces. This display of creative energy culminated in partnership with Susana Wald with their founding of Casa de la Luna. In retrospect, that art gallery, salon and coffee house, left its imprint on many of those who actively participated in the myriad events that took place there. I know so, because now, after more than twenty years, there are still people who remember the freedom with which they could approach topics and ideas that were taboo beyond its four walls.

Those years coincided with important tendencies in Ludwig's art. First, there were the experiments with language in his poetry resulting in the development of the very personal style that charaterizes all his books beginning with a key poem: "Dove that We Dream." Although all the elements that shape his personal cosmology are present from his very first collections of poetry, it is around this time that he develops the techniques that allow him to use verbal images with such dexterous plasticity. Ludwig's keen interest in the processes that lead to the disintegration of language in the mentally ill finds its beginning in the early 1960's. At this time he spent days on end researching, interviewing and recording the turbulent voices of schizophrenics in the old Santiago mental hospital, and this lead him to quite different conclusions than those expressed by Breton in his famous novel Nadja. I don't think there exists any text which can express with greater eloquence and profound humanity than *To Aloyse* the tormented universe to which the mind is subjected when the patterns of "reason" cease their control. Through a brilliant use of imagery and internal rhythm created by the choice and juxtaposition of the words, the poet achieves the concretion of that hallucinatory, swift world peopled with meanings particular to the mind which has no barriers.

It is at this time that he met Dr. Helena Hoffmann who helped him to further explore the world of dreams through the technique of "waking guided dream." In her article "The Surrealist Optic of Ludwig Zeller," Anna Balakian notes that Zeller's conception of the dream world goes beyond the one promoted by the surrealists during the Twenties and Thirties. To penetrate Ludwig's world it is essential to understand the extent to which the limits between wakefulness and the oneiric can cease to exist in everyday life. By conceiving of dream as a parallel means of existence, the poet can achieve in the oneiric world all those things that everyday reality persistently denies us. However, "living one's dreams"

requires a high dose of courage since dreaming, like all of life, is far from being always placid and agreeable. I remember the countless mornings when Ludwig would come down for breakfast after a long night of nightmares, interrupted only by hours of insomnia. Ludwig affirms that the most important part of his work is in his dream notations; the "prima materia" of his collages and his poetry is to be found there. He does not make a distinction between dream and the artistic forms whereby it manifests itself. In fact, several examples exist of "dream spilling over into reality." One of the better known ones is the set "A Dream Repeated, Merely a Dream?" It consists of the dream notation, a poem based on it, as well as a collage - - all done simultaneously.

The dynamic of Ludwig Zeller's creative impulse presents not only a constant questioning of reality, as A.F. Moritz points out in his "Introduction to the Poetry of Ludwig Zeller," but an attitude whereby the poet surrenders himself completely to the creative process. Susana Wald, his wife and closest collaborator, sees creativity as "a form of love... love for the other, for forms, for the universe...," and she sees Ludwig as a man "intensely in love with everything: with things, with textures, with colors, with rhythms, ideas, the word itself." She goes further and concludes that "his creative impulse is born of his own loving nature..." When examining the process which urged both of them to collaborate artistically from the beginning of their relationship, Susana says: "From the time I met Ludwig, that May 10, 1963, he has tried to stimulate me so that I would work on my drawings. While I worked he would read his poetry to me... with *The Rules of the Game* I have tried to visualize in my mind, those poems, literally... The illustrations I did at the time meant a change in the way I was working in those days... Ludwig has a way of sharing his ideas when talking to others which prompts them into the process of collaboration." The culmination of this collaboration between Susana Wald and Ludwig Zeller are their "Mirages." These are born of the compatibility that exists between the two in the unconscious patterns that they choose, in Susana's predilection for pen and ink drawings, and Ludwig's for the textures of the old engravings he chooses for most of his collages. The give-and-take involved in the collaborative process, the tension, the juxtaposition of elements in this game "has always seemed dynamic and creative to us..." Susana says: "I have always felt completely free to make whatever transformation I desired with his visual work and I think he feels the same way with mine. I think that this is basically due to something that is intrinsic to love. Ours is a love relationship and any collaborative relationship is a love relationship." All artists, according to Susana, work under the influence of others, consciously or not. As she sees it "what is uncommon is to show it as nakedly as we have done; this is what is so unusual: the frankness of our attitude in collaborating and showing that out of completely different realities, in the sense in which the

surrealists conceived it, we have made a new reality, shared by both."

Love as a creative and dynamic force. "She." The feminine, woman in all her forms, emerges as a new constellation in poem after poem of Ludwig Zeller. The beloved transforms herself into a vehicle of the poet's metaphysical search. And since the imagination need not impose limits on itself, the poet's search is often marked by feelings of suffering, of violence: it is something "extreme," a word that Ludwig always uses. At the same time there is in him a constant reverie; it is as though he lived in a state of surprise at the marvellous. And in this sense, no matter how profound the feeling of despair may be, there always exists for Ludwig a possibility of solace, of coming out of the pit of depression, when he conjures up the image of woman. I think it is an image that finds its roots in his childhood, inspired in part by readings of writers like Rider Haggard. However, Ludwig's is not a sensibility aquired from books. Rather, it is ruled entirely by magic. Thus, when he affirms that the Queen of Sheba will be coming down Huron Street on a golden carriage and will come knocking at his door, he not only has got me convinced, but committed to letting him know, just in case "She" catches him deep in some other world. In love with the marvellous? Yes. When I asked him what love means to him, his answer was: "It is a constant in my work, an enigma I have not been able to decifer, but which through thousands of images attempts to provide us with that convulsive collage, the presence of love."

The exaltation of love and its potential to transform the world is one of the many aspects that link Ludwig to Surrealism. His sensibility lends itself completely to the fundamental dictates of that philosophy. From the beginning there is in Zeller a need to question reality, to see the world through other lenses. It is evident for anyone who approaches his work that there is a constant insistence in a deeper exploration of reality. Alvaro Mutis in his introduction to *The Ghost's Tattoos* expresses what I understand to be one of the basic ideals of Surrealism, in the following manner: "Poetry like his can be possible only thanks to a complete surrender, to a wakeful, unbounded and unrelenting devotion." The North American public's understanding of Surrealism is often limited to images as Dali painted them: it does not exist as a tradition in the English language and if it does, it manifests itself in other forms and only marginally as a universal conception of life. When I asked Ludwig what he feels his link to Surrealism to be, he answered: "To live in this century and to ignore the absolute change that Surrealism signifies in literature, is like being inside a storm and not realizing what is going on. Surrealism as I see it runs contrary to academia; I believe in the élan that it has lent us toward a new vision of the world by providing us with tools, such as psychoanalysis, automatic writing, objective chance, which had remained excluded from the literary task until then..." If we are to consider Surrealism as a

philosophy of life leading man to the liberation of the spirit, to a new vision of the world, if reality "is elsewhere," then we shouldn't be surprised when a poet like Zeller, who does not see Surrealism as a fixed set of rules, confronts certain problems of existence from a magic-religious angle. I believe that his vision moves away from a materialist conception of the world. This does not differ that radically from what the surrealists proposed in 1929 when they published Antonin Artaud's "Letter to the Seer," or "Letter to the Dalai Lama." Ludwig feels that throughout the centuries poets have often confronted similar problems, only with modifications. To read poems such as "Wanderers in the Mandala," "Circe's Mirrors," or his more recent "Temptation of the Hermits," for example, is to understand that through his surrender to the liberating forces of poetry, it is his "duty" to dare formulate questions whose answers will not always fit within the canons of this or that philosophy. It is rather like Mutis says: "Ludwig Zeller, like many other predestined workers who preceded him in this arduous service, must at every instant invent freedom, that paradise on earth which hostile humanity attacks at every instant."

When I speak of a metaphysical search in Ludwig Zeller, I do so in large part to explain to myself the personality of a man who is at once very dynamic, but also contemplative. Because, though his life in Chile was one of constant activity, in choosing to exile himself "from everything and myself" in Canada in 1970, the poet opted for a separate existence, in contact with the root. Choosing this exile has meant years of great solitude for Ludwig, with only those closest to him, the family he has created around himself and a tiny group of friends for company. Yet, this choice has enabled him to create a body of work which time will judge in all its magnitude. I leave it to others to assess the transcendence of his endeavors. It suffices to say that his choice of a separate life has allowed him to give himself completely to his visions, to explore them to their most profound consequence. This is how I understand the contemplative in him, a side which forces him to find a great deal of his solace in nature, in knowing that the birds will return, that they will feed on the seeds he spreads in his garden. But his creative activity should not be understood as being born of "inspiration" only. No, Ludwig is one of those "terrible workers," an obsessive, sleepless worker. He has applied techniques such as automatism to his creations, but anyone who reads his poems will see in them hours, days of work, of revision and "polishing." For example, a couple of years ago he gave me more than ten versions of his poem "The Mechanisms of Enchantment": the poet makes and remakes the world.

In a world obsessed by technology, by the aquisition of material wealth, Ludwig's example could go unnoticed. But it doesn't because, although it is a work which does not speak in the language in vogue but through a complex system of metaphors and images, such is the power of

his vision, that if the written word still exists as a means of communication, I know that many will be moved by what he says and will read in it an answer to some of the questions that our modern era has left unanswered.

"The invisible world is full of spoons." Ludwig's certainty that other lives happen in the invisible, has convinced me that we live with our ghosts, that they are as palpable and real as he is to me. The many views of Ludwig's work that we introduce here are both the tattoos and the deciphering of those tattoos in the constant game that reality plays with us. As Ludwig says: "What is real? What is imaginary? Half of our life is lived in dreams."

Beatriz Zeller

Beatriz Zeller was born in Chile in 1958 and emigrated to Canada with her family in 1971. Inspired by the scope of the poetry of authors such as Rosamel del Valle, Enrique Gómez-Correa, Olga Orozco, César Moro, and especially of Ludwig Zeller, she has devoted a great deal of her time to literary translation. She is currently at work on an anthology of Latin American poetry and is the author of a chapbook of poems, *Poetisa con balcón y vista al mar*.

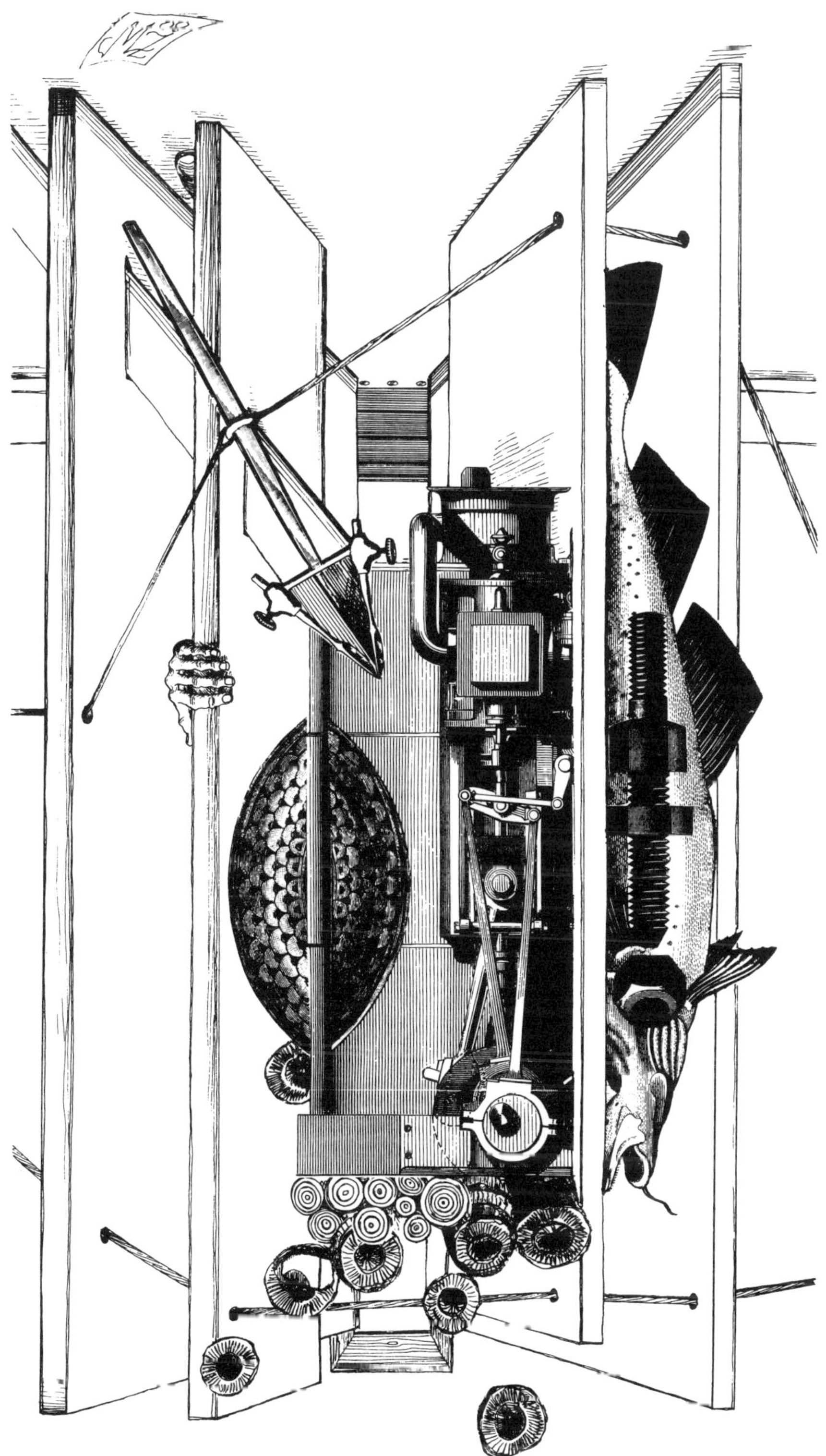

Anna Balakian

# THE SURREALIST OPTIC OF LUDWIG ZELLER

The poetic work of Ludwig Zeller has been reaching major proportions as volume after volume appears in trilingual editions in Canada.

Zeller had his own Press, Casa de la Luna, in Santiago, where he worked in close collaboration with his artist-wife, Susana Wald, illustrator of many of his writings, and with other poets of the same coterie, such as Humberto Díaz-Casanueva, the late Rosamel del Valle, and Argentineans such as Enrique Molina and the late Aldo Pellegrini.

To understand Zeller one must first take cognizance of the coterie of which he is part. These Latin Americans including another Chilean, Enrique Gómez-Correa, the Peruvians Emilio Westphalen and the late César Moro, Mexican Octavio Paz and many others are the direct followers of the surrealist movement and considered André Breton their guide and mentor. Most of them met him personally in his Paris circle, others knew him through his writings which were much more rapidly disseminated in Latin American countries than among Anglo-American readers. In fact, one of Breton's major works, Fata Morgana, written during World War II, was printed in Buenos Aires before it appeared in France.

In a brief biographical note concluding his most recent volume, *When the animal rises from the deep the head explodes* [1], Zeller makes this affiliation very clear: he states that his work adheres entirely to Surrealism.

Although Breton believed in fortuitous encounters, it was not simple chance that attracted him to the Chilean Elisa who became his third and last wife. The poetic association between Chilean poets and artists and the presence and poetic principles of Breton had been already a binding one,

and his poetic posterity, of which Ludwig Zeller is a major voice, demonstrates that Surrealism is a most significant factor in the development of the rich vein of poetry of Latin America, which is yet barely known in the U.S.A.

The link between Zeller and Breton is not one of imitation on the part of the younger poet but of continuation and substantiation of poetic principles, announced by Breton in his Manifestos, but which he could probe only in a limited way in his own lifetime. Zeller has continued the exploration of these new channels opened up to poetry by Breton: the communication of oneiric vision, the language of madness, the ontology of chance, the correlation between sexual attraction and the network of nature's creative-destructive cycle. These are elements of Zeller's poetic structures as his vision unfolds volume after volume of powerful, sometimes eidetic other times demonic imagery of minds wandering in the labyrinthine realms of roots and entrails, of man-made gadgets intertwined with nature's gargoyles, oozing with blood and mire; if there is honey and gold emerging out of his vision there is also coal, salt and rain that can taste of vinegar.

In temperament Zeller and Breton are quite distinct, and I wonder if Breton could have envisaged the direction in which his dictums were to find their implementation. When Breton in the first page of his Manifesto declared man to be a definitive dreamer he was thinking of the exalting dream, greater than life in its pleasure-producing capacity, idyllic, innocent, raising to sacred levels the meagre reality of routine awareness. When he conceived of woman tinged with madness, he created the Nadja figure whose insanity simply endowed her with a high dosage of poetic awareness and spontaneity of expression; when he opted for the rescue of human desire through the sacred workings of chance, his illustrations were examples of benign assistance by objective chance to the realization of human purposes, such as that of meeting the woman to satisfy his need to love or the friend to satisfy his need to communicate. And if nature could no longer be considered an accomplice to man, it was nonetheless a receptor of the things the poet loved. Human beauty's baptism in natural flora and fauna and in the structure of material phenomena such as the summer solstice, the lava-covered beaches of Tenerife, the Northern star in Canada, the exotic vegetation of Martinique, were the orbit of exaltation and aesthetic deification of art and love. These facets of Breton have to be recalled to fully grasp what Ludwig Zeller has accomplished when he made the inspiration of Breton his point of departure but reached entirely different skies under different stars.

Dreams can be nightmare coming after hours of insomnia; and they do not always liberate you from the reality of the waking state. Zeller has become the master of what Edgar Allan Poe and then Rimbaud and Lautréamont have defined for us as the mystic horrors. In a recent poem

not yet published Zeller states explicitly: "It pains to dream."

Madness can produce a language of violence and fear as well as of fantasy, a dislocation as well as a unification, a loss of relationship, a fragmentation of the universe as well as a visionary linking and synthesis beyond that of the rational mind; Zeller spent time observing the speech patters of the deranged in insane asylums in Chile; he has learned to convey this sense of disorientation in a powerful way and hold his reader in a trance, achieving that narcotic power of words dreamed by Breton and Aragon in their early years.

Chance for Zeller is not always a benign force in the universe; he sees man more often as the pawn and prisoner of chance, held by strings, controlled by a poker player always smarter than himself, leading to human destruction; it is a power against which he must constantly manipulate. These elements are clearly evident in his volume called *Las reglas del juego* (*The Rules of the Game*, 1964). The struggle is not simply one producing pathos, but anger, a sense of being trapped; and it generates electric shocks, draws human sweat and tears, for the spiritual power of the human animal cannot overcome this physical vulnerability.

As in Breton's work, Zeller's dominating force is love, and in reality as in principle it integrates his universe. Susana Wald illustrated this unity remarkably on the cover of Zeller's most powerful love poem, *Woman in Dream*, when she juxtaposed the core of an apple, the window of the guitar, and the female vagina, correlating thus nature, art and love, the driving forces inseparable in Zeller's work as in Breton's. But there the resemblance stops. Zeller's poetry has totally shed the decorative and courtly language against which Breton as a pioneering poet struggled, but did not always shed. Zeller spells out beauty in terms of total esthetic revision, and his eroticism is both graphic and imminent. He gives sense of the total immediacy of coitus and then unravels the consequential creativity of the physical and poetic insemination. The harmony of the universe does not come across in his writings solely on the wings of serenity; there is synchronism of violence as well as of bountiful cohabitation of nature and man. Often Zeller emerges as a sub-realist as he probes the inner workings of forces of destruction at the bottom of tubes and seas, and pits. Good and evil do not figure in his post-Christian universe. He does not, like Rimbaud, seek to shed the catechism in one breath and wish for *"Noël sur terre"* in another. He is rather a poetic pragmatist, whose passions are never sentimental but tight-proofed and vibrant in their authenticity.

Love for Zeller is not epitomized in a constant movement of giving; often it reminds of an exploratory surgery, bringing to explosive illustration Baudelaire's sadomasochism.

*Je suis la plaie et le couteau*
*Je suis le souflet et la joue*
*Je suis les membres et la roue*
*Et la victime et le bourreau!*

*("L'Héautontimoroumenos")*

In the same kind of double perspective Zeller becomes the hunter and the hunted in "A dream repeated: merely a dream?" Linking the love of a wife with a love for natural forces is also quite different here from the Romantic one or even of its modifications in the work of Breton. His fascination for knowledge of the sexual forces as well as of cosmological forces is a different kind of stance: there is a sense of contiguity, of the intervention of the poet into what are no longer forbidden zones but a birthright, not an invasion but a natural claim. This attitude is forcefully displayed in his long erotic poem *Woman in Dream.*

Sometimes Zeller's epistemological affirmations go so far that his poetry becomes philosophy tailored to poetic structure —a pitfall that he should watch because in truth he is most powerful as a philosopher when he lets his images speak for themselves, as he so often does.

His language is not syntactically cryptic or ambiguous; he achieves most often an opened character in his poetry by an unusual disposition of words on the line rather than through any obtuse lexicon. Like Breton he makes use of technical words, starkly concrete but demanding on the part of the reader a transposition from their usual context into his private one. The reader's power of association has to make leaps and bounds to connect meaning to Zeller's metaphoric juxtapositions.

The recent volume, *When the Animal Rises from the Deep the Head Explodes*, consists of sixteen poems presented trilingually with the assistance of the Canadian English-speaking poet, John Robert Colombo in collaboration with Zeller's polyglot wife, Susana Wald, and the French-Canadian widow of Rosamel del Valle, Thérèse Dulac Gutiérrez who deserves also the name of poet in view of her accurate, poetically comprehensive renditions. It is also accompanied by collages by Zeller that complete what language suggests, where language is sometimes ambiguous, the collages are painfully explicit. These poems, Zeller tells us, were all written between 1971 and 1972 in Toronto following his self-exile. He projects a kaleidoscope of dreams, each symptomatic of a hurt or a fear, of a repression or a confinement. All convey irrational connections with animals such as cats, tigers, leopards, or containers such as tubes, vases, walls without openings, closed sky. There is a sense of loss, penetration of a chthonian realm, the imminence of an apocalypse. In "In the salt mine," the salt mine into which he descends is a metaphor for the darkness and sterility of a spiritual stasis:

*We are wandering crystals, lost particles*
*Within the marble of that infinite being, that rock*
*Riddled with worms, and we wear down our hands to the bone*
*And we go on pounding the drums for the sun to return.*

*Somebody sighs, somebody shouts my name in the pitch-black dark of night.*
*Then I rise up —shipwrecked among furniture as a fish*
*Without scales— I look up and there is no one, nothing descends*
*But the cold splendour.  It continues to snow on the face of the rock.*

In another poem the reference to the Arc suggests not a happy ending when the waters recede but a ship trapped in an ebullient maelstrom. For him the image of the infinite is an endless, indifferent sea or a continuous wall with no exit:

*Fallen into a trap I interrogate myself.  There is no light.*
*On high, clouds go by, dragging their roots.*
*I do not know if I have always been in this place,*
*If it was the sun that brought me here, if the hair on my head*
*Can sometimes grow inward, the glance return*
*Within the eye, the shout sink back and be silent.*

*Perhaps it is raining?  Somebody cries out but I do not hear him,*
*Only four walls are surrounding me, only four landscapes*
*That remain unchanged amid the undulation of dusty thorns.*

*("Continuous Wall")*

The power of chance over man is tyrannical in the vision of a set of knives manipulating humans displayed in the guise of marionettes:

*I am caught in the plunge of those hooks, strung up*
*By the wire that someone moves to the mercy of his knives.*

*("Bad Habits")*

Another piece, "To saw the beloved to pieces when necessary," illustrates the surgical character of erotica:

*Under the cutting edge of the knife she feels*
*How the moons circle above, creaking in the mirror,*
*She thinks she dreams and listens how it grows in her body, stitch*
*By stitch, that endless spiral of torture.*

But this is not simple sadism because there is a reversal at the end of the poem, which is at the same time the end of a nightmare; and suddenly the perspective is changed, an outside power has put the knife into his hand, and the martyrdom of the beloved emerges as a sacred Host:

*Then I rise up and without eyes I can see the knife*
*That somebody has left behind, clenched here in my hand,*
*Seeds of another sun, those wheels revolving in memory,*
*Sawing my beloved into hosts for me.*

The theme of voyage is a unifying element in these poems; but voyage does not provide escape. It is gnawed with pain as he tells us in his dream-voyage, "In the country of the antipodes":

*There is no pointer to cut the quietude of the waters*
*Tongs turning over probing the wounds;*
*Here the tips of their magnetic lips*
*The tide nailing us down, tattooing us with fire.*

We are made aware in the next stanza that it is a dream-voyage, but certainly not a transcendental one; it inflicts wounds and sightlessness: "I shout and wake up and meet thorns."

There have been many metaphysical journeys in literature, but here we have indeed an unusual one: that of entering the body of a woman, the vulva being the metaphor of the dark port, unknown —a groping return to the "maternal harbor" from which man emerged. The map of this voyage, plotted in his dream, seems indeed to be regressive as the poet seeks protection in a retreat into his beginnings in "Captain Cook's Last Refuge." In a later poem that remains as yet unpublished Zeller clarifies further his position on voyage. In "Circe's Mirrors," he refers to the most famous voyager of all, Ulysses: but he takes away from the ancient hero the credit for the adventure. The real adventurer is for him the blind Homer, creator of the landscapes, who all that he is missing by being physically blind are the arid, desert spaces, which only the images of his interior eye can endow with landscape. Neither dreams nor physical displacement can equal the power of a poem as adventure: "Because it wasn't Ulysses who saw Troy burn, who heard the sirens' song and enjoyed Circe's enchantments, but Homer, the blind one, who understood that life is a deserted beach where images multiply."

At age fifty Zeller has produced six collections of verse, a long erotica called *Woman in Dream* and many exhibits of his other art forms. With the collaboration of his artist-wife and of impeccable translators there is no reason why his powerful if sometimes explosive poetry should not become available to Anglo-American readers. Much of American poetry

today is episodic, biographical, narcissistic, circumstantial, ideological, and couched in profane language.  It will seem like a message not from another continent but from another planet to be exposed to poetry that speaks of exile without reference to circumstance, that speaks of itself through the metonymies of skin, eyes, glass, mirror, thorns, scab, cries from within enclosures; to be exposed to a poet who suggests ejections and explosions without resorting to vulgarity, suggests violence without pulverizing the poem.

If Octavio Paz represents the ascending sign of Surrealism, Zeller colonizes the dark side of the moon in the surrealist orbit.  If he deals in dreams because they are for him the universal communication, the dream vision is cut with knives and fed on volcanoes as he tells us in "Circe's Mirrors," "the verb goes deep into the volcano food of dreams."  Men must seize it from the mouth of tigers: "fruit of vertigo in the tiger's teeth." He adopts as his own the somber atmosphere of the dream as expressed in a quotation by his poet-friend Humberto Díaz-Casanueva which he uses as an epigraph to *When the Animal.*

*I understood that the forehead was formed over a vast dream*
*Like a slow scab over a wound that bleeds without ceasing.*

And a later poem, unpublished, where he states: "The origin of all is inside dreams flowering / In the occult," is called "Visions and Wounds," further associating pain with dream.

In the last, the testamentary poem in *When the Animal,* called "The Sphinx in Toronto" there emerge images of his past life, the progression from the windy desert of Atacama in North Chile, where he was born, to the gusty icy winds of Toronto. But here the surrealist rescue reaches him from his landscapes of dejection in the guise of the woman he loves —the salvation here as in *Arcane 17* of Breton is the woman who brings the poet safely into a harbor, out of the nightmare looms the haven of a new reality.

*But, have I guessed?  Have I been saved?*
*Deep in her eyes I glimpse the storm, that cluster of tears about to fall.*
*Outside the sea breaks.  Inside the wind murmurs.*
*Perhaps I have arrived?  Perhaps I am awake?*

In my reading of the lines the awakening at the end seems to signify that the poet will attain liberation from the nightmare, the Sphinx figure incorporated into that of the beloved.

The fact is that even if Zeller has opted for the darker implications of the surrealist *écriture,* he has done much to keep Surrealism in its course, pursuing its dynamism rather than its conventionalized imagery; his

hand caught a shining star once upon a time which illuminated his native desert land and is still guiding him, transforming the role of nomad to one of pilgrim.

[1] Ludwig Zeller, *When the Animal* Rises From the Deep the Head Explodes, Mosaic Press/Valley Editions, Oakville, Canada, 1976.

This article appeared in *Review*, 21/22, Fall/Winter, 1977; a publication of the Center for Inter-American Relations, New York.

Professor of French Literature, and later Chairman of the Department of Comparative Literature at New York University, Anna Balakian has devoted much of her life to the dissemination and advancement of surrealist literature through her brilliant and numerous books of criticism. These include: *Literary Origins of Surrealism, The Symbolist Movement: A Critical Appraisal, Surrealism The Road to the Absolute, and André Breton, Magus of Surrealism.* Examples of her pioneering role in bringing to light much of Latin American surrealist poetry are the essays she devoted to Octavio Paz, and more recently, her translation and introduction to Rosamel del Valle's *Eva the fugitive.*

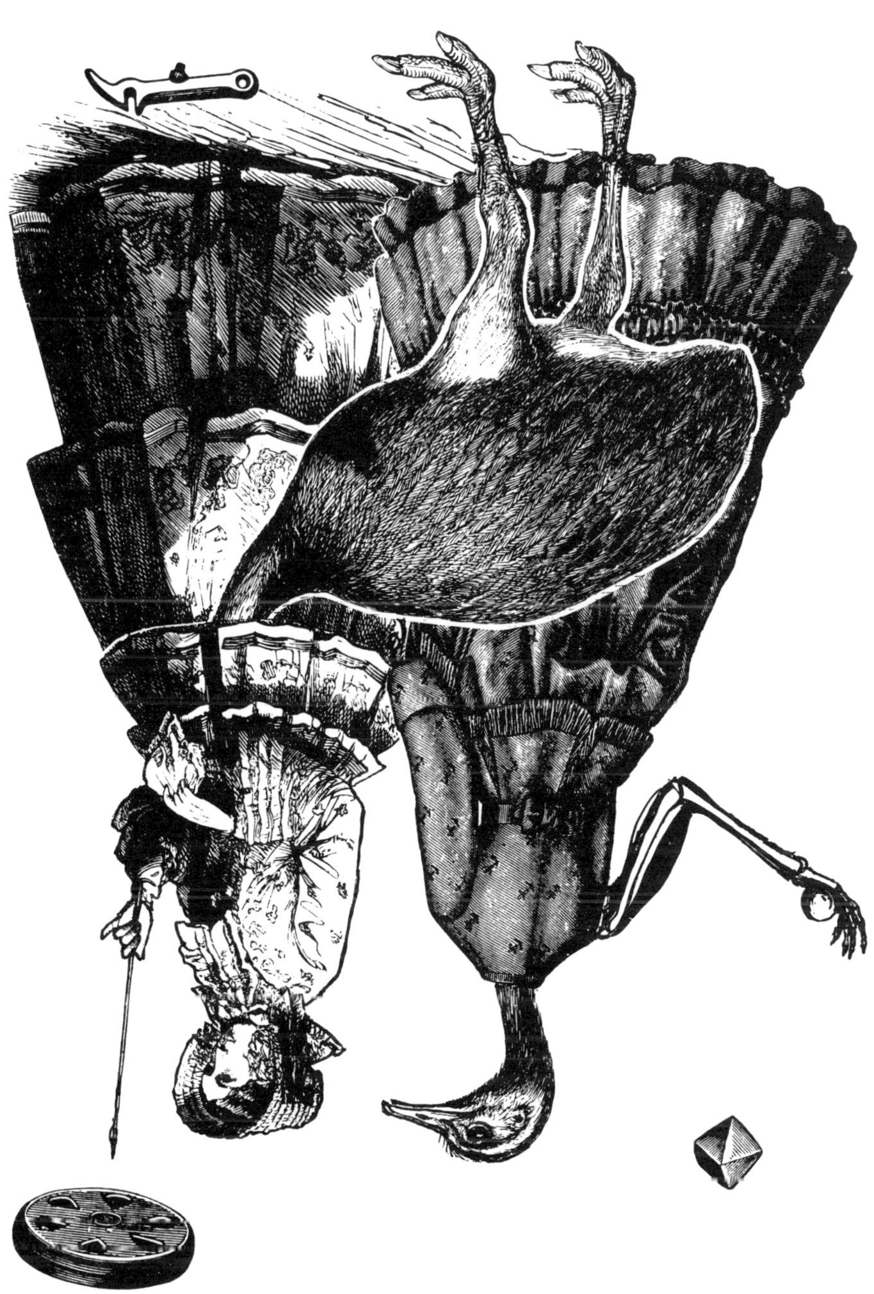

# Arturo Schwarz

# COLLAGE-TEXT FOR THE TEXT-COLLAGES OF LUDWIG ZELLER, THE LOVING MAN

"I am looking for notes that love each other", wrote Mozart. And Breton, talking about Duchamp's puns, observed: "the words, by and large, have ended their games. The words are making love."[1]

What separates Ludwig Zeller's collages from certain dada and surrealist collages is the absence of all scandalous intention: the surprise effect —"*Surprise is the great new impulse,*"Apollinaire had already observed[2] — is not the end-result of the meeting of two realities as removed from each other as the umbrella and the sewing machine of Lautréamont's dissecting table, but the meeting of realities that seemed to have been made for each other since the beginning of time and that later searched for each other without being able to rejoin, like Plato's hemispheres.

"An image is strong not because it is brutal or fantastic—but because the association of ideas is distant and precise,"[3] writes Reverdy, who insists again, "the more distant and precise the relationship of two realities, the stronger the image will be — the more stirring power and actuality it will have" (idem).

The collage in Ludwig Zeller is an act of love — again, it is Reverdy who writes, "Poetic craftmanship is something quite similar to the wantonness of the cunning lover"[4].

An act of love also expressed through intellect ("Faculty of knowledge, of understanding... state of intimate and intuitive comprehension in regard to something": Le Robert), which he turns to the task of discover-

ing —for our enjoyment and his — the images that love each other, the task of joining indissolubly and without breaks the images that make love; "images whose relationships *only the spirit* has grasped" (Reverdy, 1918, n.pag.).

Thus, these fragments that constitute the conflicting unity of Zeller's universe look as if they had never belonged to other worlds; and in the collage-drawings, done in collaboration with Susana Wald, one does not know if it is the drawing that completes the image or the image that completes the drawing; such is the ease of their relationship that here again image and drawing seem to have always belonged to one and the same immutable reality.

Max Ernst demanded "the cultivation of the effects of a *systematic remoteness*,"[5] Zeller, on the contrary, reaches the same surprising but natural evidence of which Fourier spoke: "we shall enter into a new amorous world where everything will be as surprising, as new for us, as the American vegetation was for the first ones who approached it."[6]

Milan, March 17, 1978.

[1] André Breton, "Les mots sans rides," *Littérature* ns 7 (1922): 14.

[2] Guillaume Apollinaire, *L'esprit nouveau et les poètes* (Paris: Jacques Haumont, 1946), p.17.

[3] Pierre Reverdy, "L'Image," *Nord-Sud* 3 (March 1918): n.pag.

[4] Pierre Reverdy, *Le livre de mon bord* (Paris: Mercure de France, 1948), p.255.

[5] Max Ernst, *Ecritures* (Paris: Gallimard, 1970), pp. 253-54.

[6] Charles Fourier, "Le Nouveau monde amoureux," in *Oeuvres Complètes* (Paris: 1948), p. 68.

Preface to: Zeller, Ludwig. *50 Collages*. Oakville: Mosaic Press, 1981.

Arturo Schwarz, born in 1924 in Alexandria, Egypt, has played a key role in international Surrealism beginning with his landmark anthology of surrealist poetry, published in 1959. Schwarz has made an invaluable contribution to the understanding of 20th Century art and literature through his works on Dada, his comprehensive critical books on Man Ray and Marcel Duchamp as well as in-depth studies on the relationship between art and alchemy.   His essay about Ludwig Zeller's collages, "Discours sur le peu de réalité du Dernier port du Capitaine Cook" was included in his *L'immaginazione alchemica*.

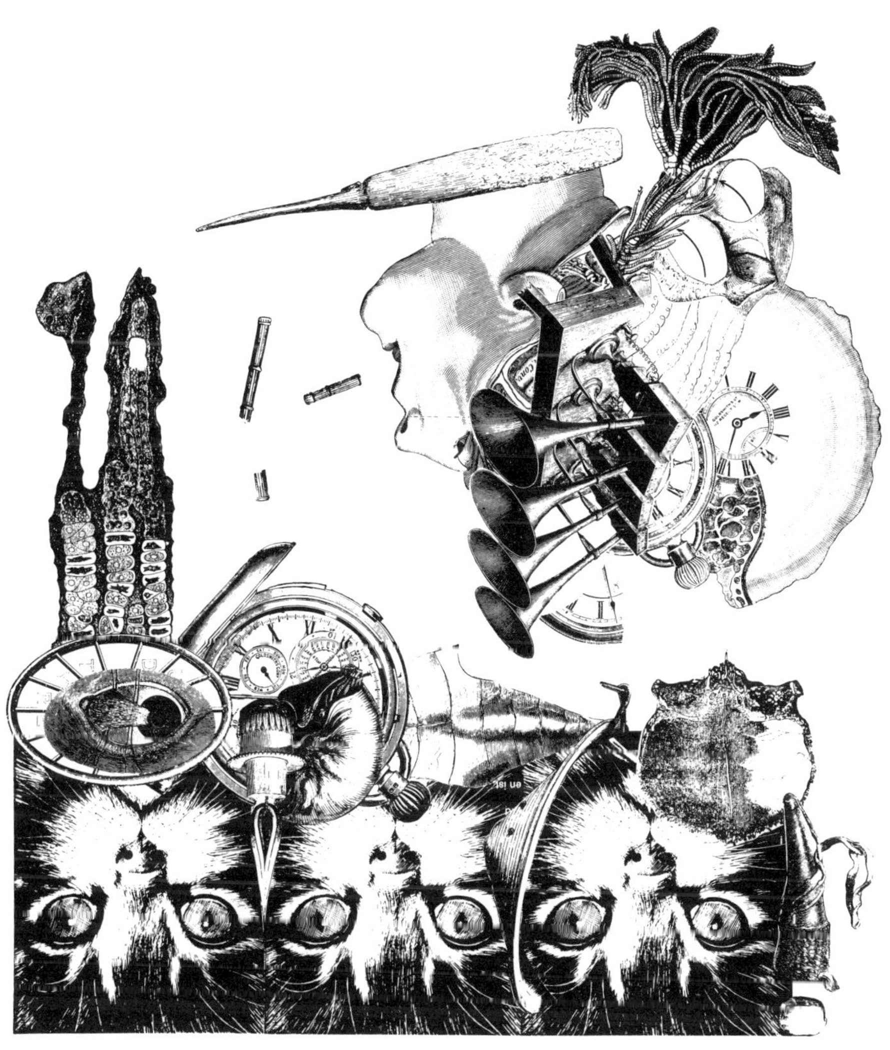

## A.F. Moritz

# INTRODUCTION TO THE POETRY OF LUDWIG ZELLER

For all its evident prodigality of image, Ludwig Zeller's poetry is at bottom a work of unremitting criticism. Poetry that devotes itself to a rigorous and difficult investigation, seeking to elaborate itself along coherent lines and accomplish an envisioned project, is neither common nor fashionable today, and hence when it occurs does not easily find its proper audience: one willing to contend with the exploratory and forego the self- indulgence of reading to satisfy preconceptions of desirable poetic styles, themes and types of difficulty. Only when we have understood the poet's criticism, the results of his effort to strip away the false schemas erected before reality by human obsession or weakness, can we see his critical vision of the nature of things and go beyond it to the flower of his project, the new creation that he has found possible, full in the face of reality's recalcitrance as he alone has come to know it. A real barrier to serious poetry is the current predilection for miscellaneous brief poems expressing private feelings, insights, situations; this goes hand-in-hand with a general bias, not totally mistaken but totally inadequate, that poetry opposes "reason," that its proper sphere is emotion or intuition, and that its genesis is in a humble modern version of inspiration: the flash of sensitivity. Thus, the poet who today would link his work to the greatest traditions of poetry by making it a systematic examination of human being, is likely by this very decision to find himself cut off from the majority of readers. Here we see evidence of a decadent sense of poetry's nature that only careful study of major poets, as opposed to popular

writers of small poems, can remedy. Besides its absolute value then, Zeller's work has the virtue of being a corrective and a stimulus.

In addition to the wealth we receive from any individual writer, Zeller imports through his poems an entire foreign way of thought and feeling into our poetry. He enters English poetry from Chile: from Spanish literature with all its popular and learned styles, from the native and European heritages of his country which is the "caterpillar of the moon-moth," from the sand and stone of its northern desert, the difficult human strand crushed between mountain and sea. Zeller gives us, through the glass of a single writer, the whole Spanish and Latin American literary endeavor, for we can say of a major poet what Jorge Guillén says of a "point in time":

> All is concentrated
> By centuries of roots
> Into this moment,
> Eternal and my own.

The poem brings home to us with doubled force the fact that in poetry we deal on the personal level, but that each poet is in fact a separate world. The very foreignness of Zeller's way, when we meet it conversing with us familiarly in English, deepens for us the mystery of communication and commonality.

Immediately noticeable in Zeller's work is the problem of coherence versus inspiration or intuition, which has consciously occupied, to one degree or another, all serious writers since Mallarmé. It was defined by Valéry in these terms:

> *The most difficult project to conceive, to understand and above all to pursue in the arts, and especially poetry, is to submit production of a work to the conscious will without this strict condition, deliberately adopted, being allowed to harm the essential qualities, the charm and the grace, which must effectively be carried by any work of art that aims to lead men's minds to the delights of the mind.*

Valéry's terms —charm, grace, delights— are perhaps too soft for the often fractured and scorched texture of Zeller's work. Also, Valéry's statement indicates a fear that will may stifle inspiration, whereas Zeller's preoccupation remains that of Mallarmé himself: the volcanic upheaval of inspiration dwarfs man and continually threatens to carry will away. Still, Valéry's formulation provides a key to Zeller, especially if we note that it defines the specifically aesthetic form of the great Western tension that the Chilean poet constantly evokes and revitalizes: measure and spontaneity, Agape and Eros, Apollo and Dionysus. Zeller's conscious

exploration of this tension takes place on a variety of levels which are "images superimposed on the papyrus of solitude" or "another world... superimposed on yours other images / On the present ones." Due to the project which Mallarmé undertook and Valéry stated, the poet is now conscious that in the struggle of will and inspiration for his work he experiences the same tension that he sees everywhere when he looks outward at nature and society. Henceforward, then, form itself must be the chief bearer of significance. It has never really been something into which "meaning" is poured; it must no longer be thought of in these terms. The effort to make the form and meaning one must now be foremost.

In Zeller, the metaphorical process of superimposing seemingly disparate, actually unified realities, achieves a comprehensiveness and intensity that can be painful. Geology and the universal history of mankind are superimposed on the individual; the history of culture on personal psycho-history, both theoretical (Freud, Jung) and experienced (Zeller); historical events on myth, literature on autobiography, metaphysics and cosmology on the love of man and woman. And all of these are shifting symbology, a fluid allegory in which first one, then another aspect of this vast, multi-faceted whole may approach us while the rest recede; at times all seems equally present in harmony and confusion; and at times all have disappeared and there is perfect lack. Why all these things that seem one thing, that visit us in dreams to torture and bless, that expand our lives with wonder or cause us to wake trapped in "Kafka's old machine"? What are our true dimensions, where is our true home? Always we are aware that we are something not ourselves, and this is torment and salvation. Thus, in section XXII of *The Pleasures of Oedipus*, Christ and Oedipus interpenetrate before our eyes, so that they become both themselves and a single divided Adam:

> *It is all finished, I hear within*
> *How they tie my arms into knots and the nails scraping*
> *My eye sockets in which the sun made its nest.*
>
> *Why should I drink? Why do the threads*
> *Drag themselves from the well in childhood there?*
>
> *Yet a few more moons and you will no longer see me,*
> *I will have arrived in the Kingdom. The thorns open slightly*
> *At the vinegar, but the memories never.*

The bound arms are Christ's, the empty eye-sockets are Oedipus', the nails belong to both and merge them together in a pun (nails are the claws of Oedipus, the spikes of Christ): that is, language. This Oedipus-Christ

wonders about origins, he thinks if he understood them he would understand himself.  But while man's lot, the vinegar (pain, insult, condemnation), may paradoxically work against suffering, it does not open the memories even slightly.  Christ came to end not mystery but the misery that seems to emanate from it, here, however, he collapses into Oedipus, who in recovering his memory lost his ordered and circumscribed personality in memory's enigma, the vast forces in and beyond us that drive us through the kaleidoscope void.  Thus, in being superimposed on one another, Christ and Oedipus are also superimposed on poet and poem, for theirs is also the poet's situation, his awareness and his search.

Two active poles are always interdependently operating to generate the charge in Zeller's work: absence and presence, or nothingness and creation.  There is the ceaseless cascade of beings, with behind it the suspicion of nothingness and before it the poet's fear and love of existence, and his relentless probing for the truth of its nature regardless what it may be.  In this probing, which I have termed "criticism," using the word in its philosophical sense, there are several crucial elements that recur.  First, there is the question itself, which is the poet's tool and the sign that he has imposed upon himself  the critical task, whose immediate consequence is solitude and pain, though its object is to win through to communion and assurance.  The question is the poet's life, the foundation of his work.  How often questions motivate Zeller's poems! —

*Why are there so many flames, so much burnt pulp,*
*And on arid knife-edges that child who pastures his worms?*
*Why so many eyes?  Why aren't we allowed to delve*
*Into the well of the antheap palace?*

*Machine of pleasure of my torture my queen*
*Where are we?*

*Am I here or am I not?*

*But what have I done?*

*What did we get from it all?*

*Here are we prisoners of Chance?*

*We have waited for you a thousand years, where are we now?*

*Who is waiting for us there?*

*Are words only smoking embers?*

*When Oedipus is silent, what does the Sphinx reply?*

And there are many others, not infrequently at the conclusion of a poem or passage. In a real sense, it is the recurring human questions that the poet starts from and arrives at, deepening and intensifying them as he goes. By continuing to ask them, not by rote but each time with eyes open and body exposed to their full danger, he lives.

The second basic element of the poet's critical inquiry springs from the question and is the dual image of man as questor and questioner. First, man is the pilgrim, on the move through reality, wandering and exploring, though often belittled and forced along by his environment. His image is that of sailors or horsemen toiling over dunes of salt and dust, through sunburnt landscapes of mirage, or into the mists and "visionary dreariness" of the last pages of Poe's *Arthur Gordon Pym:*

*But they who were mine turned their horses back not for grass or forage*
*But for anxiety scrutinizing the heavens advancing in the open folds*
*Of the south where the wall of mist rises*
*Cascade of tears surrounding us in desperation*
*Among linden branches in the invisible wind*

In his other aspect, the questor is the immobile questioner, seemingly helpless and inert before overwhelming reality, eroded by torture and ennui and dream, yet stubbornly pressing his question, watching and waiting. The image repeats in many poems:

*I was sitting here, for a thousand years*
*I cannot rest, or sleep or die,*
*My eyes turn over in the depths of the glass...*

*I question myself among the bodies but they do not answer...*

*Before the knot that closes its grooves I inquire,*
*I shout and faces burn...*

*Fallen into a trap I interrogate myself*

Zeller's extreme case of the questioner is the unfortunate man of "Poetry and Truth," from whose elbow grows a knot of wood and to whose skeleton a "great tattooed hook" is attached, a submarine image of himself from the other side of the mirror of water. He is situated before an incredible outburst of phenomena (enigma-heads, a sphinx, the Rano-

Raraku, etc.), and he sees without understanding that his own questioning is only a "flower of lava", a tiny by-product of the very eruption he confronts. Yet the term "flower" records Zeller's slender but tenacious allegiance to a possible salvation, not in knowing, but in seeking.

The third element in Zeller's criticism can be termed "skepticism", and is the poet's distrust of rationality and rationalism, as opposed to reason. Rationalism exalts logic, denies what cannot be quantified, and seeks to "understand" by imposing the requirements of logic and efficiency in any situation. It is reason gone mad, and it typifies our technical society, which cannot comprehend dialogue or dialectic and so reduces discourse to opposition of mutually exclusive, polarized ideologies. This society is the "antheap palace" where it is forbidden to delve into the well of living water, and where men make the divine

> *spirals of laughter*
> *Inaudible through the turning wheels of all the hours*
> *Square flasks of vinegar the cities*
> *Without light columns of ants without history or dream*

Reason on the other hand, believes and seeks harmony and proportion, but imposes nothing and stands above all for the honest acknowledgement of all facts, no matter how ugly or illogical. (We could go further and say that reason is man's participation in a fact of harmony which is the origin and meaning of all being; this idea, as re-interpreted by Romanticism and again by Breton, comes to Zeller through Surrealism —but it belongs to the deepest visionary aspect of his work and is strictly speaking beyond the scope of this introduction.)

Reason in the true sense is both a tool and a goal of Zeller's poetry, as witnessed by its ultimate grace and balance despite having assumed the full weight of chaos, phantasmagoria, the nightmare genesis and metamorphosis of forms. Because of reasonable skepticism, this subject matter does not control the poem but is controlled by it. Skepticism defends our questioning even against the mind itself: it refuses to accept the finality of intellect's discoveries, it casts doubt on all human concepts and even on interpretations of sense date, it reminds us that our portraits of reality are provisional, it refuses their claims to being identical to fact. Thus, while the skeptical poet cannot cling to comforting dogmas, neither can he lose hope due to pessimistic hypotheses or even his own bitter experience. He perforates such hybris as, for example, that of Sartre, who imagines that he knows what no man can know, that the universe holds no answer for human desire and is therefore absurd. To the skeptical poet, all things remain possible. Zeller announces his skeptical position in "To understand is not to know," a poem which stands near the beginning of his mature quest:

*Thrust out, deprived of air, I awaken, fall asleep*
*And awaken again: I hear the knife-edges far away.*
*A voice answers me from every crack:*
*Your doubts are denied. To understand is not to know.*

The poet's inevitable, unending search for his source ends in the silent haze that shrouds all origins. The answer that comes back is this: even to understand everything in man's present categories would result only in error. Our doubts are denied because they spring from our own inadequacy. Inadequacy motivates our quest and quest is its proper outcome; no deductions can be based on it concerning the nature of being, human nature, or human destiny. These are all things which we do not comprehend.

The fourth and last basic element of Zeller's criticism is the largest, most immediately gripping one: the specific content of his examination of reality. Basically, he is concerned with the problem of being as flux, the problem of Heraclitus and Lucretius; but, in a post-Freudian age, the problem has been radically internalized —not only the body but even the mind and the self, whatever it may be, are part of the same cascade of forms and images: "From the real to the invisible the torrent falls endlessly, like flaming skin." Everywhere within us and beyond are the threats of loss, pain, dismemberment, metamorphosis into the non-human, loss of memory, incoherence, death. Yet the self is not only this: what is it? In the midst of the flux, provisionally, we not only exist but continue to utter our cry as to a person — our creator, torturer and friend — who lies beyond:

*Our heart grows*
*Like rivers flung downhill giving birth to the phantom*
*That you call life but in the immense spiral we are only*
*Wanderers passing through the signs the glaciation of memories*
*Where your images are superimposed on the papyrus of solitude*

In this flux, all is ambivalent and multi-valent. An image or reality may be benign, but the passing of a few lines of verse, a few moments, changes it, and it suddenly presents a face that is vicious or decayed. In fact, the ambivalent quality of both thought and reality are so faithfully mirrored in Zeller's style that they appear as in one of those optical illusions that shift moment by moment from mountain to pit and back again. At one point in *Circe's Mirrors* Zeller addresses the Person felt to lie behind experience in these terms:

*Organize the concert of my age this dark disaster*
*I want to drink at a gulp that summer light*

> Which pulls me toward the depths of your eyes that sing
> I am falling inward a seed into the pollen
> Of your body wrapped in the ten thousand tulles
> Of that perfect and ageless mummy oh powerful enchantress
> Whose rancid perfume we sleep in the total season
> Until it reaches the purple cloud of lavender whose freshness
> Is the true shape the transparent body of lightning

This passage is, first a prayer to one who is (or may be) the creator of phenomena and who can organize the dark disaster of life which, in some hidden sense is already a concert. The prayer leads immediately to the image of summer light and the poet's desire to be nourished by it. This is experienced at once as a return both toward personal origin (through seed to pollen) and toward the beginning of human history and of time itself (the mummy that is "ageless"). There, suddenly, human creative responsibility reappears. It is we who must actualize whatever the enchantress can give. The poet, whose journey began with summer light, suddenly becomes recreator and savior of season, odor, cloud, freshness, lightning. Above all, he can create a transparent body that is the ideal fulfilment to temporal life and its forces. The female deity, womb of forms, has in a short space been transformed from beneficient intercessor, to mummified "perfect" image, to malodorous witch, yet the transformation takes place within a context that preserves her identity as the producer of good along with evil, as the source of hope which with man's help can be rescued from its involuntary, self- contradictory profusion and accomplish the harmonious creation of which it is capable.

Yet only a few lines later we find that a totally different coloring has suffused the same basic vision of being's nature and man's existential situation:

> ...I burn my life away to find you oh octopus
> Of my love you slice me you scatter my limbs
> And I cannot shout and everything starts again in those sparkling
> Instruments of love beneath the humming of honeycombs on fire

Another aspect of the same reality has turned its face to us. Now human creativity is a self-immolation, and it only serves to expose us more nakedly (this indeed is one of the important effects of Zeller's work) to the destructive power of flux. Things, including ourselves, are ceaselessly abolished and "everything starts again the sparkling / Instruments of love," the fire that consumes the old order, our order, and all sweetness. In these lines the benign possibility, formerly triumphant, has become only a small grain imbedded in the heavy ore of the individual's fragility, brevity, contingence. A moment ago the poet could envision absorbing

reality and making it human; now it has swallowed and digested him. The landscape is that of the earlier lines, but a confused night full of fire and cries has fallen across it.

The confrontation of ceaseless flux on all levels of experience leads Zeller to his basic metaphorical superimposition, which is three-fold: reality upon dream, both upon poetry. That is to say, how work bodies forth the real convergence of these realms, rather than merely inventing a comparison among them. At the beginning of "Circe's Mirrors"Zeller places as epigraph a fragment that points to the union of reality, dream and poetry, and that answers for him the "why" that we should address to any serious poetic work:

> *Because it wasn't Ulysses who saw Troy burn,*
> *who heard the sirens' song and enjoyed Circe's*
> *enchantments, but Homer, the blind one,*
> *who understood that life is a deserted beach*
> *where images multiply.*

The reality is what is seen and sung by the poet, but it is not seen with bodily eyes only; it is compact of dream, for the poet is blind. We are reminded of Wordsworth's vision that only occurs when "the light of sense goes out". Then, no longer fascinated by ephemera (as a bird is fascinated by a snake), the poet sees within himself the true nature of the reality he has absorbed. Zeller exalts every kind of ephemera to its archetype: dust, storm, noise, blood, petal, seed, etc. Thus we are in a realm of universals, the Ur-text of the epic of phenomena, and ephemerality is perceived as the basic problematic category of material existence; we have totally surpassed the level of the myriad contemporary writers who, dominated by the ephemera of the moment, reproduce the flotsam and jetsam of today's junk culture and who are symptomatic, not creatively expressive, of man's fate.

In opening himself to this continuity of reality and dream with his poetic task, the poet allows, as it were, his eyelids to be torn away; he accepts the pain of a continual immediate awareness of the human position between flux and nothingness. He is adrift in

> *...the nocturnal soup into which the blood is raining*
> *And in which I am only drifting timber*
> *Beaten dragged to the pier the cretinizing*
> *Labor that makes ink run the stain*
> *That now no tide will wash away...*

The poem is the result and the contradiction of this "soup," this "tide"; it is a pier in the stream, yet it springs both from the poet's inner flood of

dream ("I dream bottles full of salt violins / Their glass thinning the flames of that carriage of leaves") and of reality's oceanic dream ("The foam that even beneath the shadow will go on dreaming"). The poem comes from the "vital delta of illusion," like all else; it comprehends illusion, yet it is subject to it.

What is the conclusion—does the poet absorb reality or does it absorb him? Creativity tirelessly labors for the mystery of reason, but must always face anew the apparently a-human beauty and magnificence, disproportion and decay, of the real. Hope and despair, salvation and absurdity, renewal and annihilation, seem evenly balanced possibilities:

> *The last illusion is it in you rain, which lights*
> *That womanly yeast as fragile as reality and like it*
> *Only a noise of petals taken by the wind*
> *To the other shore?  Who is waiting for us there?*
>
> *Are words only smoking embers?*

In this sequence, the third question balances the second, but since it comes last, it gives a pessimistic tone to the passage, expressing not despair but the temptation to despair. In the face of the heartbreak of eternal flux and bafflement, there is the impulse to "sew the eyelid of the eye." But this in turn is negated by the poem itself, which would not exist if the temptation had been yielded to.

The poem always attempts to assume and subsume both reality, with its oneiric insubstantial flow, and dream with its lacerating impact of the real knife-edge. In this attempt, dream becomes the fundamental category, the "tenor" of the metaphor, and reality is only its image. The poet is immersed in dream, and the task of subsuming reality becomes a continual effort to awaken, so that the dream will be within him, and not he within the dream. Sometimes he awakens, sleeps, awakens, etc., in hopeless cycles. But finally the naturalistic circular process is inscribed within a vector: the poet wakens, finds that his new wakefulness is still not truly conscious, and wakes again. Always he wakes into a new day that turns out to be another dream, but a dream that is closer to clarity. In "Insomnia with Scales" the poet wakes and finds that "Behind the windowpane I am alone, / Perhaps in another dream giving vent to my shouts." In a certain sense, then, the effort to awaken is never fully successful. But it persists as the central creative effort and the sign of an impregnating aspiration that links the poet's desire to that of reality, his sister and his queen:

> *Queen of fever open in warmer arches those eyelids*
> *The jewels that flower in your steps my well-beloved*
> *Wake sister of dew let us wake to life*

Before leaving the subject of dream, we should mention the problem of Surrealism in Zeller's work. Though Zeller derives from many sources simultaneously (one thinks immediately of the Old and New Testament, Aeschylus, Homer, Virgil, Dante Heraclitus, Lucretius, all of whom are explicitly present in the texts at many points), there is no doubt that he is an inheritor and beneficiary of Surrealism. Once this is said, we must pay special attention to his revisions of Surrealism in order to avoid misunderstanding. He stands in relation to it somewhat as Poe stood to first generation English Romanticism: he has understood and emphasized the shadow side of being, and the danger of annihilation and incoherence in the project of surrendering oneself interiorly to the subconscious and exteriorly to "objective chance". The doctrinal optimism of Breton, noble and profound though it is, imposes a consciously willed direction on the flux of reality, channeling it toward the benevolence which, in Breton's deepest belief, was its essential truth. Zeller has preferred to re-open both the subjective and objective questions, to delve into both dream and reality in order to deal with them before any human direction has been given. In so doing, he has discovered and wrestled with a Proteus many of whose shapes are malign. Far from undercutting Breton, Zeller comes as a development and a completion, an example of self- transcendence of Surrealism which Breton himself declared to be its true nature.

Wherever something is gained, something is lost, and in Zeller we no longer find Breton's buoyant joy and confidence before the irrational. But in return Zeller shows us that hope still exists at a level beneath that of Breton's will to salvation, the level at which the forms spill from the mouth of the void. Humanness, Zeller sees, is coeval with being itself. Through him, we glimpse a possible triumph and experience ourselves in the depths, where being appeals to man to end its civil war and establish it once and for all as an unequivocal reality, something more than a wavering and indecisive image of itself.

Zeller's work possesses to an uncommon degree the one real *sine qua non* of major poetry, i.e. a mature unity of form and content. Each poem, and the poetry as a whole, is in fact a "significant form." The ultimate meaning of the poem can only be grasped by viewing the total work, once its content has been mastered, as an all-inclusive symbol that is continuous with the reality being "spoken about". This unity of form and content is visible on many levels in Zeller, but we will mention only one of them, the most immediate: that of imagery.

The reader perceives almost at once that the same images repeat again and again. Yet each time they appear, they have suffered a sea change, they are in a different order, with some elements missing while a few new ones have been introduced. In short, Zeller's imagery is baroque in the strict stylistic sense of the term. The baroque is "a genre of art uniquely Spanish," as García Lorca notes, and Zeller's imagery is most successfully viewed not as surrealist but as an outgrowth of Spanish and Latin-

American baroque, which was refreshed between 1870 and 1930 with the help of Symbolism and Surrealism.

Baroque style resembles a cloud: it develops slowly, rolling and changing forms, one, yet never the same, a thing which at a glance seems immobile but which has become something else when one glances back again. Yet baroque has the underlying rigor of mathematics, an abstract form which seems rigid while the plenum of things which live and die embodying it is capable of infinite development. There appears to be motion but little change, but a close look reveals that all is constantly in metamorphosis, each moment is a precious and unique constellation of all reality, is indeed a sacrament —an efficacious sign ordained to give grace. At the same time, "the baroque arouses the sense of the void," as Ungaretti has perceived. As a master image, or form, that comprehends the endless recombination of all other images, it raises in immediate emotional terms the possibility that reality is illusion, that we are a dream, that nothing exists but a mechanical cycle of shadows cast on nothingness. If only we lived long enough, we might see an image identically repeated and realize that an endless wheel has entered on a new, senseless revolution. These qualities of the baroque allow it to be molded, in Zeller's hands, into the exact aesthetic equivalent of human nature and the nature of being, as he sees them.

The baroque —when it does not become mechanical— brings author and reader to the brink of a precipice. This is true in Spanish literature from Lope and Góngora to Unamuno, in whose radiant *The Christ of Velázquez* the shadow passages read like a presentiment of Zeller:

> *For thou art*
> *the eternal book of the five seals rolled*
> *on the cross that on it like a press prints*
> *letters of blood on leaves of parchment torn*
> *away neatly from the caul of thy entrails,*
> *and where only love is able to read.*
> *Thy whiteness, spattered with bloodstained enigmas,*
> *is for the knowledge of this world*
> *only a source of incredulous blindness...*

Indeed, Unamuno's limpid meditation on Velázquez' vision of Christ as Apollo places us in a very Zellerian world where certain images always repeat and recombine: flocks, parchment, whiteness, birds, wind, mirrors, salt, dust, knives, blood, seeds, insects, etc. Both poets exemplify the way in which reason, seeking harmony and resolution, refuses to impose order but rather obeys its own first law: humbly to seek, rigorously to inquire, honestly to deal with things as they are, including mystery. It is at this point that Surrealism joins the Western ideal of reason in its creative struggle with both linear salvational Christianity and circular, abyssal

naturalism. Breton's point at which all the dichotomies are seen to be illusory is a possible statement of the continually redefined goal of reason. St. Anthony and Aphrodite, engaged in their fearful combat in the alkaline desert around Mt. Sinai, laugh human culture and its aspiration to scorn. But reason, hounded too by its own demons, strives to resolve their conflict and prove that the life mankind knows and loves, the life here and now upon this earth, is or can be something more than illusion and vanity, decay and death. Which of the three images is true —the dying man's misery, the ascetic's vigil on a pillar, or the sun through a locust tree and the plume of a fountain? Just as being and human society in themselves raise this question, so do the works of major poets such as Zeller. Such works do not state but embody the human condition.

In Zeller, the whole poem is the symbol and reality of our state; it incarnates what is given to us in its subject matter and imagistic content. We may be nothing but illusion, but at least let there be no illusion about it! Let us open our eyes, investigate honestly and accept no solace. But the poem also recreates what it finds, and this is the mute significance of form and style, the presence of the poet as creator behind the work. After all the evil of being has been acknowledged, the poet finds that he still possesses human freedom, possibility and power. Perhaps, because Zeller has delved into flux, the charge of indulging in "phantasmagoria" may be levelled at him by those who read images rather than poems, and who do not have the powers of concentration to deal with what Zeller calls "a work on the American scale". This would be to miss the point that Zeller has defended human will and creativity at precisely the crucial point, that at which the struggle is joined with the threat of the void and meaninglessness of phenomena. This problem that he faces is absolutely basic, so that from it we can reach out to every aspect of experience. If the work is labyrinthine, it shows the real labyrinth where we find ourselves: we should not try to ignore the fact, but neither should we drop in despair because we do not immediately and surely know the straight way home. As Góngora, founder of one of the main traditions in which Zeller stands, has said,

*in baffling solitude*
*some are lost, others are inspired.*

Toronto, Canada, June 1979.

Introduction to: Zeller, Ludwig. In the Country of the Antipodes. Oakville: Mosaic Press, 1979.

A.F. Moritz is a 1990-91 Guggenheim Fellow in poetry and author of *The Tradition* (1986, Princeton University Press), *Black Orchid, The Visitation*. He has published other books of poetry, several books of criticism, and has been principal translator of six books of Spanish and French poetry, including Ludwig Zeller's most recent *To Saw the Beloved to Pieces Only When Necessary.*

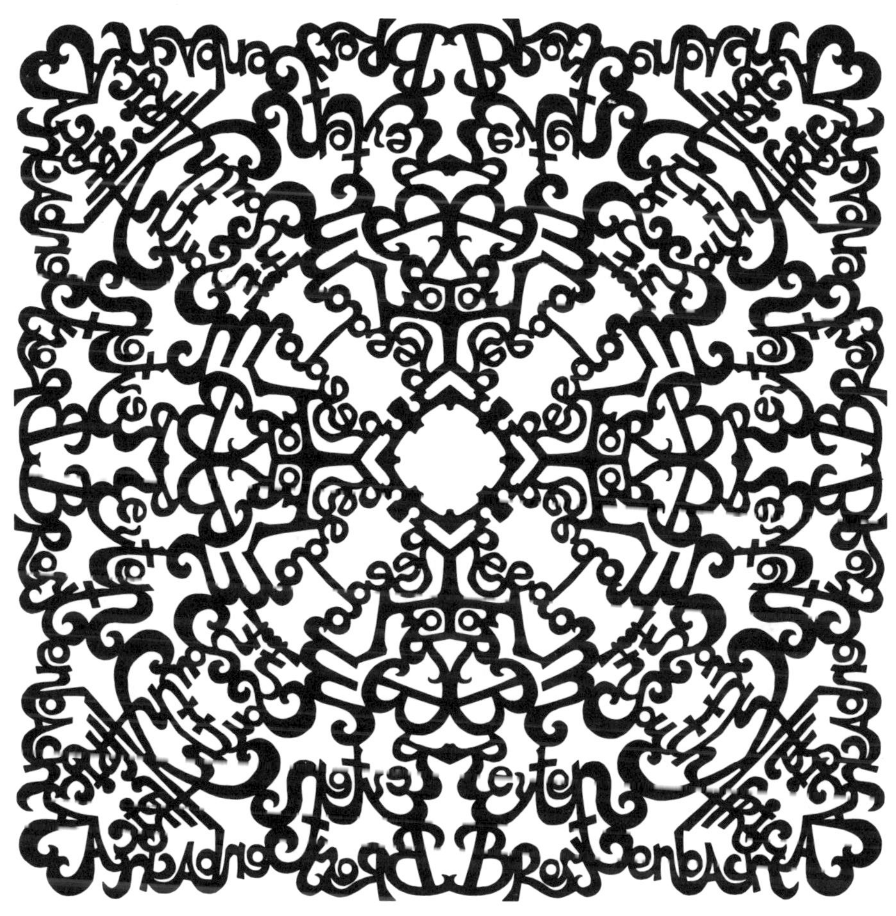
Breytenbach
A.B. Breytenbach

## Michael Bullock

# GLITTER FROM THE DARK

Every new publication that appears under the banner of Surrealism raises afresh the questions: What is Surrealism and is Surrealism still a living force? Since Ludwig Zeller, both as a poet and as an artist stands in the forefront of contemporary Surrealism, these questions immediately arise in connection with his latest book, *In the Country of the Antipodes*, which contains not only a wide selection of his poetry covering the period 1964-1979 (originally written in Spanish), but also collages both by himself and by Susana Wald, portraits of the author by three different hands, 10 calligrams or concrete poems and an excellent "Introduction to the Poetry of Ludwig Zeller" by Albert Moritz, one of the translators. Because of the multiplicity of material gathered between the covers of this one volume, it constitutes a paradigm of current surrealist creativity.

Moritz deals at length with the role of dream in Zeller's poetry and states, rather paradoxically: 'The poem always attempts to assume and subsume both reality, with its oneiric insubstantial flow, and dream with its lacerating impact of the real knife-edge. In this attempt, dream becomes the fundamental category, the "tenor" of the metaphor, and reality is only its image.' Whether this transposition of the relative solidity of dream and reality may truly be deduced from this poetry as the author's fundamental philosophical outlook is perhaps questionable. Unquestionable, however, is the fact that its essential subject matter is the relationship between dream and reality and a search for a transcendent synthesis in which the opposition between them is resolved. This, of course, is the very essence of Surrealism.

After dealing with the subject of dream in Zeller's work, Moritz is naturally led to a specific consideration of the role played by Surrealism.

He writes:

> *Though Zeller derives from many sources simultaneously... there is no doubt that he is an inheritor and beneficiary of Surrealism. Once this is said, we must pay special attention to his revisions of Surrealism in order to avoid misunderstanding. He stands in relation to it somewhat as Poe stood to first generation English Romanticism: he understood and emphasized the shadow side of being, and the danger of annihilation and incoherence in the project of surrendering oneself interiorly to the subconscious and exteriorly to "objective chance." The doctrinal optimism of Breton, noble and profound though it is, imposes a consciously willed direction on the flux of reality, channeling it toward the benevolence which, in Breton's deepest belief, was its essential truth. Zeller has preferred to re-open both the subjective and objective questions, to delve into both dream and reality in order to deal with them before any human direction has been given. In so doing, he has discovered and wrestled with a Proteus many of whose shapes are malign. Far from undercutting Breton, Zeller comes as a development and a completion, an example of Surrealism which Breton himself declared to be its true nature.*

All this is perfectly true, except that the hint of apologia it contains, the implication that Zeller might appear to be at odds with Breton over, for example, Breton's "doctrinal optimism," are really quite unnecessary and unfounded if we consider Breton's point of view as expressed in the Second Manifesto rather than the First. The optimistic expectations of the overwhelming benefits to be derived from "automatic writing," as formulated by the First Manifesto, give way in the Second to the statement: "The whole point, for Surrealism, was to convince ourselves that we had got our hands on the "prime matter" (in the alchemical sense) of language. After that, we knew *where* to get it, and it goes without saying that we had no interest in reproducing it to the point of satiety; this is said for the benefit of those who are surprised that among us the *practice* of automatic writing was abandoned so quickly."

From this point on the "automatic" element in Surrealism, the "surrender to the subconscious," became simply one (powerful) element in the act of surrealist writing, which must spring, in Breton's own words, from "the total psychophysical field." Zeller's poetry answers fully to this demand. It is clear that his tremendous wealth of imagery springs directly from the unconscious —no amount of rational thought could artificially concoct these startling juxtapositions and vivid metaphors. On the other hand, Zeller's poems are no incoherent outpourings of random images without theme or meaning, but the expression of a profound philosophical consideration of the human condition and the nature of being. Essentially, as Moritz points out in his introduction, Zeller's poetry —and it is right to speak of his poetry rather than of his poems, since the individual poems are

welded together as parts of a single great enterprise— is "a work of unremitting criticism," an effort "to strip away the false schemas erected before reality by human obsession or weakness." Poetry of such serious purpose is quite alien to the general trend of current writing in English and presents considerable difficulty to the reader accustomed to the poetry of personal anecdote, flashes of insight, or description of a situation that is the dominant mode on both sides of the Atlantic. An added problem is presented by the density and multi-layered structure of the poems, what Moritz describes as "the metaphorical process of superimposing seemingly disparate, actually unified realities." Zeller draws his imagery from a storehouse of knowledge spanning a very wide variety of fields —literature, philosophy, history, mythology, cosmology, and geology, to name a few— and he superimposes data from various sources one upon the other, so that in Section XXII of "The Pleasures of Oedipus," for example, Oedipus is simultaneously Christ and "the nails scraping my eye sockets" are both the fingernails with which Oedipus tore out his eyes and the nails that attached Christ to the cross.

This poetry enchants with its fabulous imagery, but the reader who is content to yield to its hypnotic flow (especially forceful in the long poems) or allow himself to be dazzled into a state of trance by its coruscating brilliance, without looking beneath the surface of its many layers of meaning, will be fobbing himself off with the appearance and denying himself the substance.

It remains to say a word about the translations. I have never agreed with Robert Frost's dictum that "poetry is what gets lost in translation" except in the case of poetry intended to appeal almost exclusively to the ear. *In the Country of the Antipodes is* a splendid refutation of this pessimistic claim. No doubt some verbal felicities will have fallen by the wayside, but the overall effect is of immensely powerful and vivid poetry that sounds as though it had been originally written in English —though it could scarcely be the work of anyone currently writing in that language. The author's Chilean origins and grounding in the Spanish tradition are inescapably evident in the uninhibited richness of his imagery.

This article appeared in *Books in Canada*, June-July, 1980.

Michael Bullock was born in 1918 in London, England. As a poet Bullock was greatly influenced by the London Surrealist Exhibition of 1936 and has since demonstrated a sustained interest in his own, refreshing approach to Surrealism. He is the author of countless books of poetry and prose which include, *Green beginning, black ending, Black wings white dead* and an extraodinary oneiric work: *Double ego: an autocollage.* He was founder of *Contemporary Literature in Translation* and editor of *Prism International.*

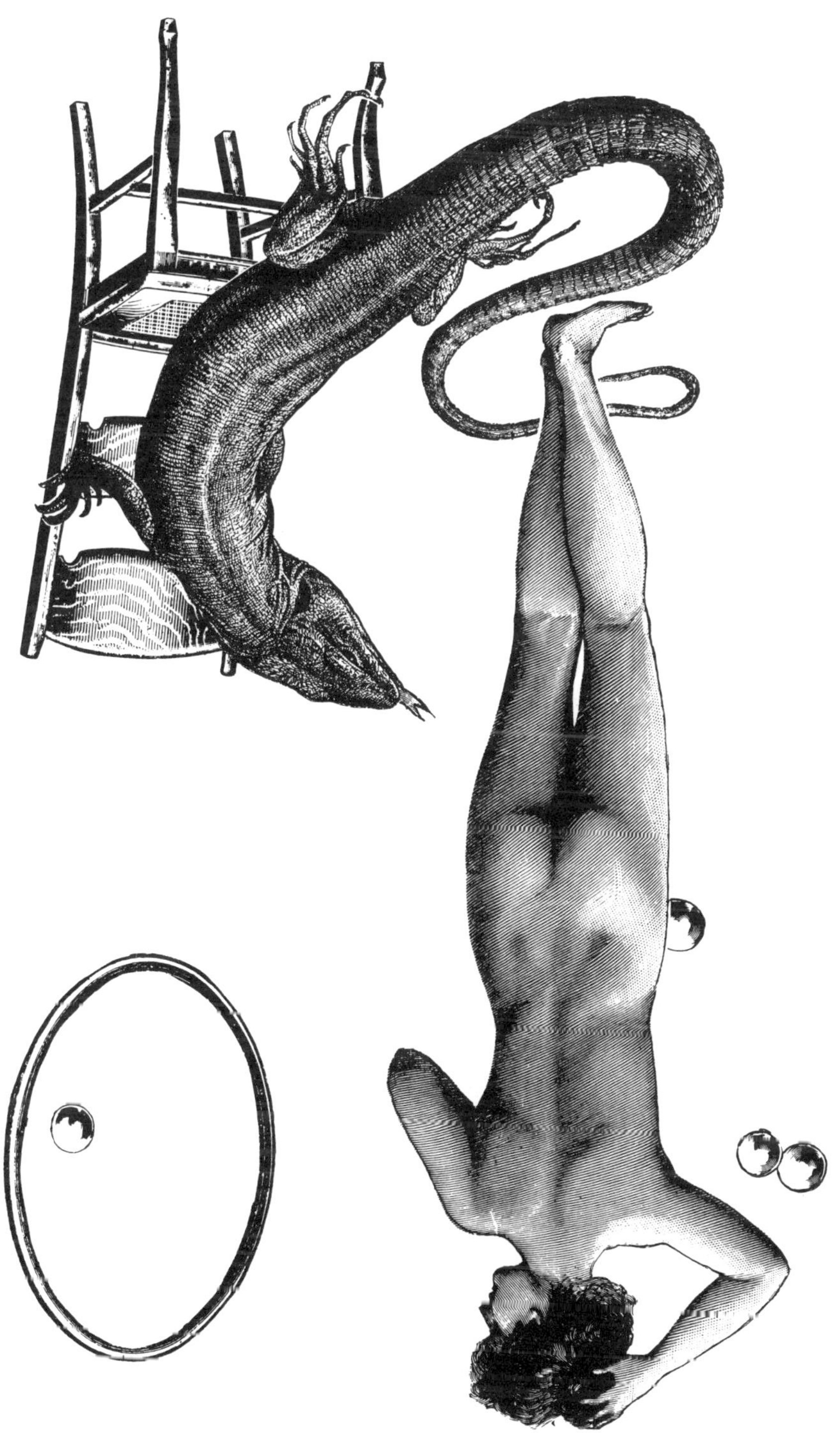

# Anna Balakian

# INTRODUCTION

Ludwig Zeller's biographical records reveal his displacement from the outermost southern limits of the Western Hemisphere to its far northern reaches, from his native Chile to Canada where he has made his home since 1971. A poet in whose work the natural environment plays a vital role, he has absorbed the sharp contrasts and variations into the unity of his predominant theme, love.

*Woman in Dream* is in the tradition of the ancient "blason" of adoration, particularly as adapted by André Breton in his "L'Union Libre" and in the "Lettre d'Amour" of César Moro; Zeller gives it his own unique and intense interpretation in what may well be his major poem to date. In its origins, dating back to the Song of Solomon, and in medieval poetry, the blason enumerated the parts of the body of the woman loved in terms of its statuesque and static beauty in repose and in serenity whereas in the surrealist mode it focuses on function rather than on form seeking to depict the dynamism of the beloved and her relation to exterior nature, which is no longer the body's frame, but its foil. Breton has said that beauty must be convulsive or not at all; *Woman in Dream* is supremely convulsive in its power to express rapture between man and woman. First addressed as "my beloved" she also becomes in the course of the poem sister and eternal mother of dream in a transfer to the universal love of complementary beings physically and spiritually magnetized by each other.

If in the climate of current social attitudes women reject the passive role of love object as a source of male inspiration, here Zeller like the best of surrealists should be able to overcome such objection because as one

reads the long poem one feels the mobility of the woman in a succinct duologue that underlies the monologue, and the silent response to the interlocutor makes itself powerfully present through the evocations of her movements, from side to side, up and down, close and removed, the flux of her own active passion and its impact on the course of his expression.

The other feature that turns this blason into something totally original is the fact that Zeller is the first to my knowledge to have deftly mingled the perceptions of the dream with those of the waking state, not only of the speaker in the poem but also of the beloved into whose dreams he is able to penetrate as into her body. He leaves us at times uncertain as to whether he is dreaming or peering into her dream.

"The juxtaposition of distant realities", that basic dictum perpetuated in surrealist poetics, has a wider angle here to measure distance and a total dispensation of the passage of time, for it includes in its apprehension of time and space the unmeasurable gaps and depths between consciousness and the unconscious, and accepts the co-existence of the visible and that which lies dark within us.

The exploration of love has ever been for Ludwig Zeller a geographic conquest. It has been a labyrinth, a noman's land, an opening up of mysterious channels, in short, an exploration. But what is unusual in this long celebration of love is his call on the entire universe to collaborate with him, from the lowliest insects and animals to the entire scope of the various flora he has known, the major ingredients of the earth, all conjured in their erotic impact, in their phosphorescences and iridescences. A swarm of bees, turbulent tides, lava-laden volcanoes, rapacious tigers cohabit the scene with buds, blossoms, rose groves, shining crystal apparitions. The beloved is "a landscape that has no end".

In the very first stanza the woman is situated as a creature of the night, heart and song attract meanings from bird and flowing water, and from the impact of threatening wind. The word "yema" in the fourth line which simultaneously evokes seed, egg yolk, bud, shoot and finger tip, presages that the poem will peer into the essence of being extolled, and the cluster of images that surround "yema" are of fury and pleasure, coupled with fire and waterfall: interaction of passion and response. So precise at first in the identification of the loved one, the lover proceeds through the adoration of the body to its dream that links the self to the infinity of dreams. Resuming the imagery of seed, the grain is threshed and spread over the earth that he challenges to open up to her. Carried on a "cross of water" the lover experiences not oblivion in the depths, but a flowering and crystallization that multiply the loved one's images.

The complementary forces of the universe as contained in Hermeticism, which is so much part of the breviary of surrealist and post-surrealist poetry both in France and in Latin-America, are here mani-

fested in the interplay of air, fire, water and earth. A cascade of images of fire and water, "the flaming of tides," the "fire in water," the "waters of the sun," as male and female symbols, suggest coitus throughout the poem and attraction in the broader sense which announces fertility and creativity on all levels.

The embrace of similar forces and contradictory ones is most often expressed by the extraordinarily skilful uses of the metonymy. In one section the words that signify the movements of water, and those that suggest cold are in play with the burning of enamored lips, captured within a blanket where the birds in the metonymy of "feathers" sing in the bed of love and dream.

In an amalgamation of Dada and Surrealism, the pen of Ludwig Zeller can express violence and delirium simultaneously. Birds come to drink in the mirror rainbows. Love spreads from the single to the many like the flight of butterflies that cast a total oxidized glow over the universe: the "oxide from a million butterfly wings." But it also takes the guise of eagles, crows, serpents and tigers. The "thunder of two beings" is in turn sweet and sadistic. A dream that starts out serenely can abruptly end in a nightmare. He envisages a cage with birds aflame and a girl singing in whom flowers his garden of roses and then suddenly she is burning in a nightmarish bonfire that consumes her skin to the bone:

> *Now you are like a landscape that has no end*
> *In my memory a prison of birds in flame*
> *Each day you come you are a girl singing*
> *My rose gardens bloomed in you*
> *Your dreaming gaze was the very look*
> *Of the black doll you carried bound to your side*
> *In a violent nightmare of reaching the utmost depth*
> *Of that bonfire where your clothing burns*
> *Charred by other days when there is no more skin*

In either case, whether a sublime dream or a nightmare, it consists of a plunging, boring action within, forming a road that leads to the core of things, core of water, core of bone, core of the self projected into the other, and endless in its circularity, in its drive to get at the secret of creativity for "the phoenix makes its nest" in the womb, creator of images as of beings.

The passage of sensual experience into language is expressed in terms that suggest upheavals of nature such as "the hurricane of language," or the forgotten tongue of rocks that sing when you look into the depths of the sea and the sculpted lava. The poet listens to the song of water, "el canto renovado del agua" and to words that are "carnivorous" and to words with petals that express his delirium at the sight of the beloved's tresses. There are images of piercing, blinding and bleeding.

Fire that annihilates, mirror that deepens vision are in a constant interplay of imagery they generate. The beloved has a thousand faces and shares the "skin of every woman" as the cluster of images in nature converge into the primordial image of attraction and cohesion. A poem which begins and ends as a personal expression of passionate love manages intermittently to make "all" and "the same" play contrapuntal roles in this long variation on a single theme that englobes existence.

In *Woman in Dream* Ludwig Zeller keeps close to the surrealist cult of immanence that has been espoused by some major poets beyond that particular coterie. René Char and Octavio Paz are among those who like Zeller have tried to channel their propensity for the transcendental sublime into identification with a sacred vein in the material world, in that monistic embrace of what is intimately close in the human with the cords that link it to all existence, from rock to bird, from soil to crystal, the glow of the luminous breasts of the beloved with the planet's other luminescences. His galaxy is vast and brilliant. Situated in strategic order, these images affect each other's power. The density of the text overwhelms the reader's capacity to grasp in one sustained reading the multiplicity of analogies contained.

*Woman in Dream* is one of the very intricately cut diamonds of this late twentieth-century's poetic perceptions.

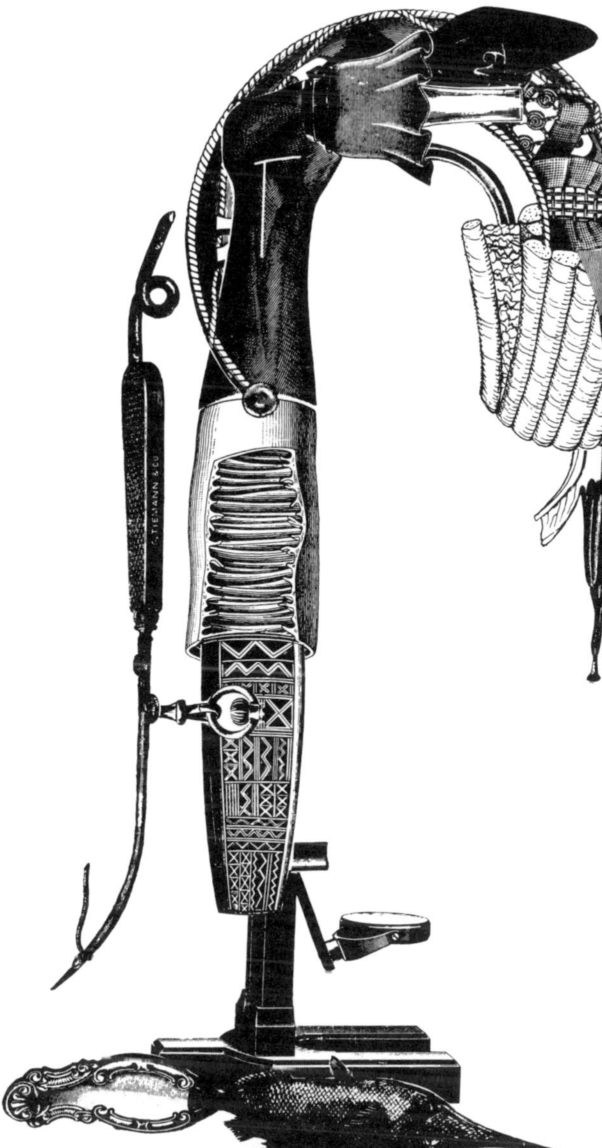

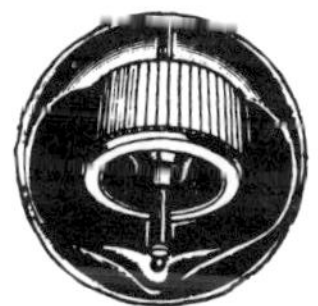

# John Robert Colombo

# THE P'S AND Q'S OF L.Z.

"The P's and Q's of L.Z." is an excursus on the life and work of Ludwig Zeller. The letters of the title of this excursus express, in an idiosyncratic manner and in a personal way, my deep appreciation of his achievement: the Poetry of Ludwig Zeller (the "p")) and the Questions (the "q") that are posed by his poems and collages. These two letters of the alphabet may also refer to the Province in which he lives and to the Quest that encompasses and engrosses him.

In Ontario and in Canada, during the 1960's and the 1970's, at the time when Ludwig Zeller and his collaborator in life and art Susana Wald flew from Santiago to settle in Toronto, it was intellectually fashionable to talk about "the miniature replica effect" of colonization. According to the prevailing notion, the colonists who settled in Upper Canada (to give Ontario its early name) were imperialists who introduced into "the new land" the range of influences that created a "replica" of the culture and civilization of the "Old Country." In essence, Gallic values were trans-planted from France to New France (to give Québec its early name), and Anglo-Saxon values were transplanted from Great Britain to Upper Canada (as early Ontario was termed). From such grafts or seeds sprouted, in effect, the "miniature replica" of a much more extensive civilization.

Cultural historians have yet to delineate the dimensions of the "miniature replica effect" implanted in Ontario's predominantly Anglo-Saxon cultural life by Zeller and Wald, but I have no doubt that some day they will. The couple wheeled their Trojan Horse of Surrealism all the way from Santiago, through Canadian customs, and parked it under the eagle-eyed sentinels who constitute the armed guard of "the garrison

mentality" (critic Northrop Frye's term for the predominantly defensive culture of Torontonians), enigmatically there-here, among individual Ontario writers and artists. They supplied a surprising answer to Frye's gnomic question "Where is here?" "Here is where Wald and Zeller are" was their uncompromising answer.

Surrealism is surprisingly living and breathing in the Province, even if cold- shouldered by the critical establishment, "the bodyguard of lies." The Quest and Questions of their neo-surreal endeavor, of their human endeavor which grants paramount importance to paradox and imagery abounds —from Niagara and the border city of Windsor found in the south, to James Bay and Hudson Bay found in the north. Indeed, Zeller and Wald have placed Toronto and Ontario on Yves Tanguy's famous map known as *The World at the Time of the Surrealists.*

So much for cultural history and happenstance. I find that my own work, poems which are read by few and compendiums of Canadiana which are widely read and consulted, has been much influenced by the vision and vibrancy of the work of Zeller and Wald. For instance, looking down at me as I keyboard this excursus in green letterforms on the black screen of the computer's monitor is a collage titled "The Great Cities of Antiquity" in which Ludwig has collaged an intricate and interlocking mosaic of views of the architectures of the Antique World and Old Europe... the detritus of long-gone empires. Surmounting this cunningly cut jumble is a blankness of the non-commital sky.

Alongside Ludwig's wonderful collage, to complete the picture, is space artist Jon Lomberg's pen-and-ink drawing of the Voyager Interstellar Record, which was designed by Lomberg, then a Torontonian, for the NASA committee headed by Carl Sagan and appended to the Voyager Spacecraft that was propelled on its billion-year excursion into Outer Space in the 1970's while Ludwig and Susana were settling in Toronto.

One of Ludwig's most intriguing books is *The White Pheasant.* It offers the reader the text of the title poem in innumerable translations by many hands. When asked to contribute to that collection. I knew of no known language I could master in time that had not already been mastered by many! So I contrived to contribute a "translation" into academese: a surrealist/minimalist/deconstructivist recreation of the poem from the English version. Here it is, the text of the poem made virtually unintelligible through linguistic concision and allusion:

*Pale Grouse*

*Gates give : night-time*
*Avians : fear's forest*
*Snows : yours : quietness'*
*Features : foginesses*

*Openness : lids unlock : astral*
*Voyaging : akashic : lilac's*
*Lingering : life-like : orisons*
*Yours : flumen-esque*

*Casements : boats' flood*
*Lunar chasms : pyrite's veins*
*Lustrum-like : pupil's pity*
*Silenter cries : warmer snows*

*Faces-masks : evertime*
*Striken images : sorrows'*
*Drum-beat : beating-begging heart*
*Tear-drinker : sadness's silenter scent*

*Quietest : ungrasped ghosts*
*Unhaunted houses : here's ears*
*Snowing winds : query-you*
*Pale grousing : your : dream-stare?*

On a later occasion I found myself responding to one of Ludwig's poems on astrology. After reading his surreal structure, I was uncertain where the poet stood on the reality- claims of astrologers. At that time I knew —or assumed I knew— where I stood on their claims so I wrote the following "answer" (employing the word "answer" in the old Hollywood sense of one studio's movie star being its "answer" to another studio's movie  star).

### *Poem VIII: On astrology*

*For or before Ludwig Zeller*

*I drift into the sleep of Babylonia. Bloated with belief,*
*I discern anew the meanings of the wonderful words on the wall.*
*Graffiti?  Gifts?  At times like these, imagine reading these!*

*Willy-nilly the asterons of Empire have scaled the skies*
*A relief to imperialist and anti-imperialist alike.  Who else?*
*Barbarian hoards?  Well now... am I really bored?  Or bothered*
*By the barbarian, the brother barbarians?  Armed and armied—*

*S/he beats barriers and brains, not to mention statuary*
*S/he believes everything worthwhile, believes everything remains*
*To be remaindered.  S/he believes Maria is Mary is Martha is Maya.*

*The dragons of my dreams swish and hiss across the Zodiac:*
*They glow in the dark, like radium.*
*They grow from spark, like uranium.*

After I read Ludwig's poem "From One Scribe to Another," I found in my mind that I was reviewing and revising the vatic role that he attributes to the poet and artist.  To my mind it too closely resembled powers that children were apt to describe to people like Italian Popes! For dramatic purposes, I espoused the view, in the chatty poem which follows, that the creator, to the degree that he overcomes the crippling effects of his or her own belittling neuroses, reveals the lineaments of a larger whole, but only in the sense of limning the limits of humanity:

### A Response to Ludwig Zeller's Poem "From One Scribe to Another"

*L.Z. writes and then recites:*

*"From one scribe to another.. two scribes*
*"To engrave the signs of the tribe..."*

*J.R.C. ponders and then pontificates:*

*"Two scribes?"  A couple of scribblers!*
*"To engrave?"  More like mortal graves!*

*Now,*
*It is true...*

*We are compounded of the following four elements:*
*Hydrogen, carbon, oxygen, and nitrogen.*

*We are composted of the following  four -ions:*
*Actions, sensations, emotions, notions.*

*If there is a fifth element, platinum*
*There is a fifth -ion, intuition.*

*Is it true?*
*Now?*

*We write on water, in sand, upon air, across fire.*
*But we argue about matter of moment:*

*The Queens Elizabeth, ships and sloops*
*of state and estate,*
*The First and the Second;*

*The relative insignificance of Ottawa;*
*The absolute importance of Atacama;*

*Surrealism,*
*Canadianism;*

*Latin-ismo,*
*Anglo-Saxon-ism;*

*Remarkable reliquaries*
*Poverty-stricken antiquaries;*

*Natural-native man,*
*Denatured-unnatural men;*

*The value of culture*
*Versus the value of civilization;*

*"Here the arts are small potatoes'"*
*"Small potatoes and big Popes are known to pop!"*

*So says John:*
*Thus saith Ludwig.*

*(Make of this*
*Whatever you miss...)*

Any wisdom that John has to impart to Ludwig is questionable—a series of open questions. The wisdom that Ludwig has to impart to John is welcomed—indeed, it becomes the catalyst of the poem and its questioning.

The final poem (at the time of writing, 24 March 1991) was composed (if that is the word) or conceived (perhaps that is the word) during the evening of tribute to Ludwig and his work held in Toronto in 1990. The truth struck me: While Ludwig read a selection of recent poems in his sweet Spanish to an appreciative audience, a collectivity of enthusiasms, I was aware that here was the vatic spirit incarnate. A second truth struck me equally forcefully: Here was Ludwig's all-consuming craftsmanship, his strangely alluring complexity of showmanship and shamanship. The "Zeller effect" is what I named it, and I compared it with the effectiveness of Ludwig's near-namesake, the self-styled psychic Uri Geller. The poem that I wrote —or the effect that I created— follows and concludes the excursus called "The P's and Q's of L.Z."

### The Zeller Effect

*The man who restarts time (or at least watches)*

*Ludwig Zeller*
*Ludwig Zeller*
*Uri Geller*
*Uri Zeller*

John Robert Colombo is known across Canada as "the Master Gatherer" for his compilations of Canadiana. He has written, translated, or published over eighty books. He has translated or co-translated into English books of poems by George Faludy (Hungarian), Waclaw Iwaniuk (Polish), Dora Gabe (Bulgarian), Ludwig Zeller (Spanish), etc. Among his other books are *Colombo's Canadian Quotations, Canadian Literary Landmarks, Mostly Monsters,* and *Off Earth.*

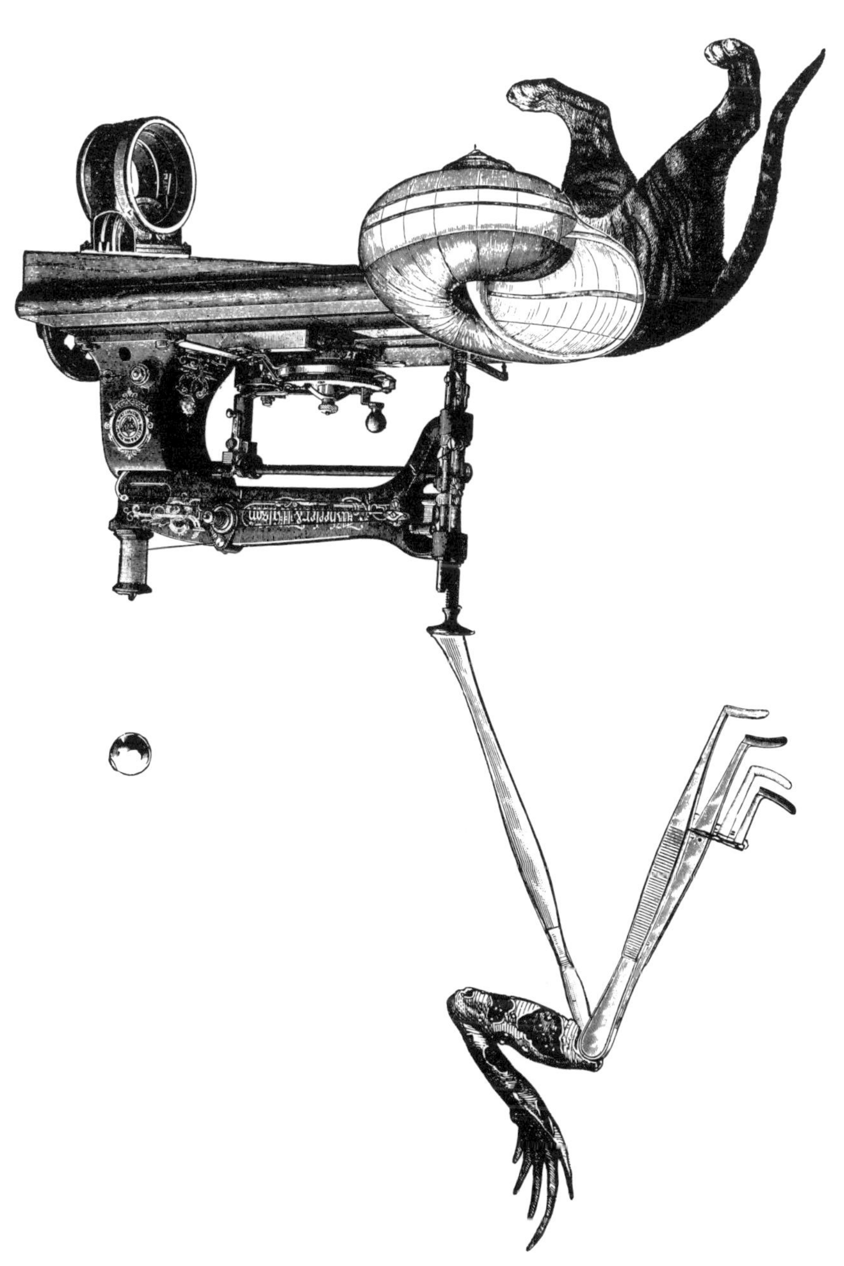

**Edouard Jaguer**

# IN THE WAKE OF LUDWIG ZELLER'S COLLAGES

If there is one discovery amid the always renewed panoply of surrealist "procedures" that has known a formidable success, it is certainly that of "collage," the kind that Max Ernst gave us at the beginning of the twenties. Since then, almost all those who have traversed the surrealist adventure, poets as well as painters, have taken to it —often, it must be said, without bringing to it other changes than those resulting from personal fantasies. Which is a lot, undoubtedly, but not quite enough.

Certainly, in the course of the past sixty years, collage has known many other, at times spectacular developments. But these were totally foreign to the vein of inspiration that allowed Max Ernst to compose his superb novels of imagery such as *La femme 100 têtes*, *Rêve d'une fille* and *Une semaine de bonté*. Also, in spite of the undeniable charm that emanates from it, the genre of collage made from old engravings, was, during the Fifties, seriously threatened with passing once and for all to the department of poetic antiquities. So many epigones had passed through it that it seemed preferable to many collagists to turn the page. Since then, to illustrate their personal mirages they have resorted to very different media: purely photographic for some, while others practise successfully the transposition of color images taken from "current" magazines, through a procedure by and large quite analogous to the one that rule the evolution of the movies and later of television. As for the "old engravings" branch of surrealist collage, it was without a doubt the hostage of the very success it had enjoyed after two generations of creators. As Petr Kral wrote in 1975, "though collage seems to have reached an unbeatable peak since the

first punitive expeditions of an Ernst or a Styrsky into the Victorian world of old engravings... the —from then on recognized as classical — shape, that these artists had given it quickly became fixed in the commonplace." ("The Era of collage, its continuation and end", *Phases* No 5, N.S., Paris, 1976.

Well, it is at this critical moment of the history of "classical" collage that Ludwig Zeller intervenes. His experience in this domain does not resort for its material either to photography or to the charm of color (indiscreet and at times garish), but quite to the contrary persists in using the end-of-century engravings employed by Max Ernst. A true challenge, it is by this freely accepted handicap that in our view his enterprise assumes a dialectical meaning of the first importance, because it brilliantly demonstrates that there can never be an end to a method of artistic creation. It does not matter how lightly an inspiration as fiery as his comes to nourish it; it is false to assume that there is nothing new under the sun. Quite to the contrary, all is new under the sun for someone that can look it in the face (as I have already mentioned elsewhere). Born in a desert, Ludwig Zeller knows well the best way to go. He knows how to stamp on the ground to make a spring gush forth, for the oasis to surge. Fascinated by the (black) sun of those old engravings that already fascinated Ernst, it was enough for him to come up to them face to face, to be able to enter them and lose himself there. And in losing himself he won his bet by finding the origin of mirages that are very different from those formerly revealed by Ernst. With him the landscape of collage "in the old manner" that we thought we knew so well topples under our eyes and reveals completely different horizons: a radical *change of mood*!

Why this (purely materialist) miracle, why and how this mutation? I believe that to be able to venture a valid interpretation it is necessary first to place Zeller in the space of his personal geography, German-Chilean perhaps, even though this is in no way a question of nationality. Rather, it is an issue of geographic sensitivity, of paradoxically complementary climates, the shores of the Rhine (which Ludwig has not seen, just as he speaks no German) and the north of that long, narrow country called Chile. Yes, this mutation, this scouring, and one could say, this turning around of the traditional collage, are above all the function of space and of the cutting-out of that space. There we find his essential difference from all those who before him or simultaneously with him, have practised this means of expression.

Thus, in a note to his collection of poems *When the animal rises from the deep the head explodes*, Ludwig himself has written that "these poems and collages would be different from what they are had they grown out of another environment" (the one where his childhood took place, in the Atacama desert of northern Chile, in the town of Río Loa). An anecdote he told me illustrates the space of his collages for me with a very particular light.

In a certain way, one can say that he is not the first "adventurer" of his family.  His father had already given him an example of rebelliousness when he broke with a long line of German university professors. Without the fantasy of this engineer father, it is quite probable that Ludwig Zeller would now speak German, would not write poetry and would be an honorable "Herr Professor."  It so happened that tempted by the mirage of photographs of lush forests shown to him, this whimsical engineer of a father signed, before the war of 1914, a contract to go to Chile... and he found himself in the most arid imaginable place on earth, where the future collagist would spend his entire childhood.  This place is so dry and desertic, Zeller explained to me, that one cannot see the wind (which is nevertheless very violent) blow, because there is nothing in its way that could move, not the least embryo of a bush.  This invisible omnipresence of the wind inspired in the whimsical ingeniousness of Mr. Zeller senior the idea of making cheap but fabulous toys for his children.  With his skilful hands he built large cardboard wheels (decorated with drawings and even poems).  The wind took them one morning very far away in a certain direction, and brought them back the next day when it "had turned" and was blowing the opposite way.  They arrived at more or less the same hour they had left, but in the meantime had traveled a considerable distance.  The wheels, one could say, never failed to turn up for their appointment, at most they were sometimes "a little late."  Surely Ludwig's imagination clung to those wheels and ours can follow in its course, for  I think that the unpredictable movement of those wheels continues, almost fifty years later, giving rhythm deep within, to his poems and collages in the confines of a territory that belongs to him alone: neither German, nor Chilean, nor Canadian, forever concealed from the reticences and references of the rational or rather what is taken to be the rational (because I do not doubt for an instant, you see, that reason, in essence is on our side, the side of the street one cannot see when one carries one's eyes in one's pocket).

Such was the first apprenticeship of Ludwig Zeller in matters of space. The second, one that would put him in direct contact with the poets and artists of his time, flows from his encounter with Enrique Gómez-Correa and Braulio Arenas, the founders, in 1938, of a surrealist group in Chile, survivors of the "Mandrágora" adventure. The third participant in this remarkable escapade, Jorge Cáceres, was no longer there. Youngest of the three, he was to die first in 1949, at the age of twenty-six. Of the three pioneers of "Mandrágora," he and Braulio Arenas were collagists. Cáceres used all media alike, old engravings as well as photography.  It is not forbidden to imagine what could have been produced by the encounter, the shock, the confrontation of these two fantasies: Cáceres-Zeller.  This match in its way did take place: one of the most beautiful books that Ludwig Zeller has published under the sign of "Oasis Publications" that

he sustains with Susana Wald in Toronto, is the collection of *Unpublished Texts* of Jorge Cáceres, one of the protean and meteoric figures of Surrealism, together with Jindrich Heisler and Jean-Pierre Duprey. All of them, and this is also the case with Ludwig, were at the same time poets and artists, and it matters little to know if they were in the first place one or the other: one of the titles of nobility of Surrealism is precisely to have *broken* once and for all, the wall separating one *and* the other. (Thus, I speak inevitably of Zeller the poet and Zeller the artist at the same time, because, born at the borders of a desert, he became fully conscious of what he could be and do at the borders of an oasis: the one of Chilean Surrealism.)

As to Gómez-Correa, our common friend, this great poet has always been a great lover of painting. His curiosity has explored all the visual horizons: his poems have been illustrated by Magritte, Brauner, Hérold, Donati, Cáceres, Granell and Zeller himself. It is quite evident that in such regions Ludwig's own curiosity could only grow and be embellished in the most fantastic manner. This is why he organized in Santiago two shows by Matta, the child prodigy of Chilean Surrealism, just as he later organized, near Toronto, several shows for his French, English and Belgian friends, as well as the first "Phases" show in Canada.

But having placed these milestones, I must now return to what seems to me *the common space* of Zeller's poems and collages, in order to better understand what it is that separates his collages from those of Max Ernst (or of Max Bucaille, or Max Servais, to mention only some Maxes that were collagists!)

Let us state first, in order to simplify, that Ernst as well as his faithful successors have accommodated themselves, in the course of their experiences, to the naturalistic space of the nineteenth century engraving. In this respect one can say that they have not gone right to the bottom of their experience of transposition, because the very logic of it would have required that while conserving the typical elements of the original engraving (the characters), they take them out of their *setting* of origin and out of similar settings. It is necessary to wait for Zeller for this *extraction* that changes everything to take place. This very extraction is what restores to the element of the collage, figurative as it might be, all its importance as a sign, in the sense in which one can speak of signs in front of the paintings of Miró or Kandinsky. Here then these signs are hurled in a spectacular manner, entirely into the abstract space of the white surface, and here they at once recapture their *relief*. But, in addition to this asceticism, to this extraction and this abstraction from the setting which is in fact purely and simply deleted, evaded, there is in Zeller a growing complexity of typical elements, the association of which, the regrouping and magnetization of one by the other, seem to obey in his case to altogether different laws than in the case of Ernst and his followers. Is it the effect of setting these elements outside of all conventional space that

produces an impression of acceleration of their process of assembly? It also happens that, even though we are dealing here with elements that are similar to those used by his predecessors, we have the feeling that in Zeller's collages these elements come *from somewhere else*. Thus, to the classicism (everything relative, of course!) of the ernstian collages Zeller responds with a kind of *baroquism* that by its successful exaggeration makes one think of certain hispanic-indian architectures of the "churrigueresque" type. Precisely because of this it was necessary, if this baroque exuberance was to reach all its splendor, if it was to *explode* as it must, that it be inscribed in a clear, empty space even more barren than those of the photomontages of Moholy-Nagy and other Bauhaus collagists.

...And it was also necessary that these elements be pushed, that they be almost swept to the threshold of our glance by some mysterious, physical, gestural force, identifiable perhaps with the wind that took away and brought back the wheels, the poems and the images of his childhood, from one point of the desert to another.

This complexity and this evidence of simultaneous agglomeration of elements certainly reaches its perfection in a collage made in 1972 that the artist revealingly calls "The cornerstone." A veritable condensation of "world history," "The cornerstone" constitutes in this respect an achievement without precedent in the history of collage using the traditional elements. As one can see right here, made up of only three or four elements, it shows us, by a striking short cut, the transition from animal and vegetative life (the batrachian that supports the whole) to the highest achievement of mankind in industry (the colossal steam engine with several boilers) or in architecture (the composite cathedral). In it one could see a particularly striking and flavorful illustration of Jean- Pierre Brisset's famous theory attempting to demonstrate that man descends from the frog. But while Brisset needs several volumes of mad semantics to influence the reader to the point that he may feel "an agitation of the mind," one image is enough for Ludwig Zeller to restate the issue of the genealogy of our arts and technologies. A somewhat similar performance is the one of "The great terminal", also reproduced in this book. These are among the outstanding works by Zeller. Similar effects are present in all his collages of the last years, allowing us to measure the distance covered since *The pleasures of Oedipus* where, even if the technique used is evidently the same, the artist has not yet had the leisure to size up his own domain and demonstrate that with a rigorously similar technique he can obtain visually and poetically very different results. Outstanding in Ludwig's work is the use in counter point of altogether frail elements, sometimes reduced to a filament, to a thread (but this thread, this filament is daintily glued down and not drawn) and others that on the contrary are quite massive, imposing, even invasive, that develop and proliferate on the space of the page as if they were inflated from within. This alternation

of frail and massive elements contributes surely to the noticeable "gestural" appearance of Zeller's collages, but his is the effect of a mercilessly rigorous cutting or "scissors stroke" (as in others one would talk of a brush- stroke). Zeller uses his scissors like the surgeon his scalpel or his lancet, under the influence of an organic pulse that has no parallel except in the extreme care with which right afterwards, the one who performs the operation distributes the elements left by this storm on the calm beach of the white page (in general a quite heavy and rigid cardboard that adds to the *solidity* of the whole).

Even if the issue is not to search in Zeller's collages for a simple autobiographical reading of his anguished moments and his enthusiasms (this would be too easy, and nothing would be less surrealist), it is possible to take into consideration Ludwig Zeller's own assertions concerning certain points of complementarity between his written and visual expressions. Also in the epilogue of his collection of poems *When the Animal...* we have alluded to, Zeller warns us: "It is not always true that whoever touches a book touches a man, for a poet who changes his country and tongue has to face difficult times, full of thorns and questions. One does not touch a man then, one touches a wound."

Zeller speaks of wound, I will talk about fracture, the fracture of space in his poems where I sometimes have the impression of needing to defend myself, thrust from one image to another, or from one network of images to another, as if I were pushed, or as if I were moving inside the body of a grounded sea monster. Bewildered Jonas, the reader cannot compare this aimless and at times disquieting roaming to any other. The cadence, the rhythm of a poem by Zeller, even if automatic writing is present in it at all, are not in the slightest the cadence, the rhythm of a poem by Péret, or even, to remain in Ludwig's linguistic domain, those of a poem by Gómez-Correa, Cáceres or Granell. The case is, as in the collages, that there is not a continuous flowing, but rather, effervescences, perturbations, sudden eruptions that from line to line divert and transform the direction of our reading, which thus becomes an "Ontological distraction" where "Life is but a tube without remedy. / Coming here gives everyone the right to witness the injustice...," a distraught, deserted place where "Somebody sobs, somebody shouts my name in the pitch-black dark of night" (but obviously one will never know who). The issue here is a state intermediate between sleep and wakefulness, but which is not really dream either, a state that Ludwig himself has beautifully called in one of his poems "Insomnia with scales", where "A fish passes through my dream each night." Surely, it is Zeller who speaks here, but it could just as well be you or I, on the look- out for those *forks of the road* where one can equally fear the worst or hope for the best.

Ludwig Zeller has said of the world of social reality, "we go on living, perhaps in a desert where life is the mere flesh of a mirage." In this desert

where one can fear for the frail space of freedom that we still have, a freedom becoming more besieged with each passing day, the resistance offered by the impetus of his words and shapes really has the effect of a clearing, an oasis. These words and shapes possess rhythms that are as ample as they are unforeseeable, and in the long run they are the always valid, revolutionary, surrealist, but above all biological claim of a "dream capable of transforming the world." All those who have had the chance of seeing them have been deeply *moved* by Zeller's collages. This cannot be due merely to an aesthetic reaction. No: this turmoil, as well as this wonder, this bewildered and at the same time somewhat uneasy surprise, signal that these images immediately clear a path in the consciousness of the viewer. And that is what really counts: we follow beyond the image in the *wake* of a collage or a poem by Ludwig Zeller, without a promised land on the horizon, but suddenly with a bit more freedom in the turbulent waters of our own inner ocean.

Paris, July 1981.

Introduction to: Ludwig Zeller. *50 Collages*. Oakville: Mosaic Press, 1981.

Edouard Jaguer was born in Paris in 1924. From an early age he participated in avant-garde magazines such as *La main à plume, La révolution la nuit,* and others. In the 1950's he founded with Anne Ethuin the movement Phases as well as its flagship magazine. This was to give Surrealism new life and broaden its horizons in the years that followed. His innumerable essays on the works of contemporary surrealist artists as well as his organizing of events and exhibitions worldwide, make him one of the key figures of surrealism in the latter part of this Century.

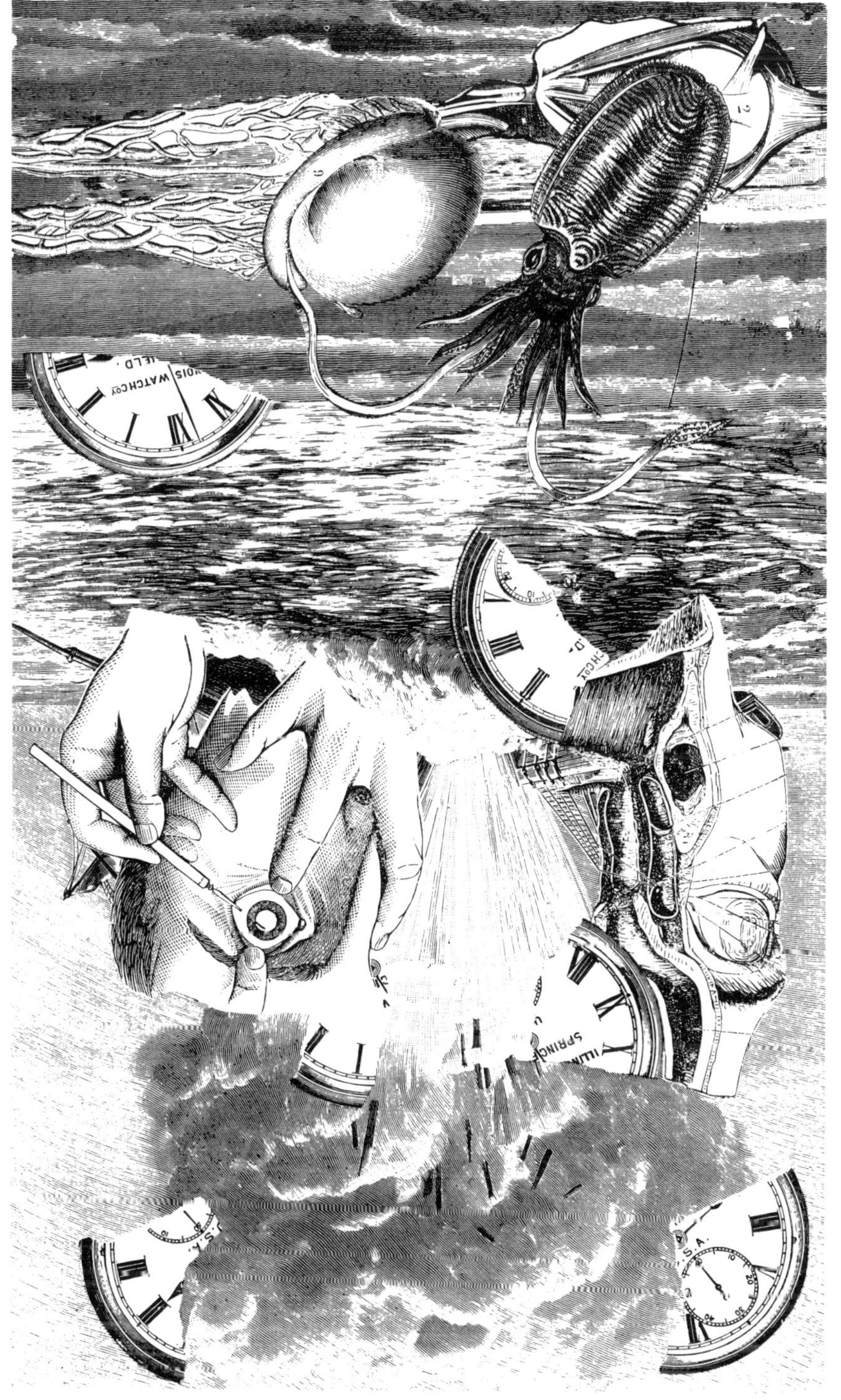

# Brian D. Johnson

# IN THE COUNTRY OF THE ANTIPODES

*"We wear down our hands to the bone,
We go on pounding the drums for the sun to return."*

*Ludwig Zeller*

Ludwig Zeller is blessed with the healthy understanding that a poet's first duty is not to enshrine language, but to beat it to a pulp, let it marinate in its own blood, then cook it over hot coals. His writing recalls a tradition of poetic delirium ignited by Lautréamont and Rimbaud in the late nineteenth century and formalized by Breton and the French surrealists. It's a tradition that, in the words of Martinique poet Aimé Césaire, "poetry begins with excess, outrage, research beyond taboo, within the great blind tom-tom."

Like Rimbaud, whose literary instinct was overtaken by a compulsion to "join my dear ancestors around their fires," Zeller's writing dwells in the pagan regions. While Rimbaud's sense of adventure led him to Abyssinia and early death, Zeller, 43, and Susana Wald had better luck when they left their home in Chile nine years ago to settle in Canada, a country he chose for its apparent cultural virginity. Customs officials were perplexed to find Zeller carrying a suitcase filled with scraps of paper —engravings he had cut from old books to furnish raw material for his surrealist collages.

*In the Country of the Antipodes* is a collection of Zeller's poems, translated from Spanish into English, illustrated with his collages, his

"calligrams" and Susana's drawings. Reading it is like taking a Jules Verne journey into the unconscious, a headlong plunge into a thoroughly tactile world of magma and plasma. His poetic excursions, which pass through all hazards of ice and fire, remind one of the science fiction film that shrinks scientists down to cellular size and sends them coursing through the human bloodstream. As for fish at sea in the volcano, the weather is always a problem: "That squall of light / Image more ardent than boiling lava / Colder than the rind of dead planets."

In the surrealist tradition of verbal collage, Zeller mixes his metaphor with a relish that would be X rated in polite literary circles. Calling himself "the purple octopus," he slashes paint in eight directions at once: "In the unbound knot of your hair, the storms / Rise up thicker under the sinuous marble / Than a rope of virgins feathered with suet and murex."

So many ways to say I love you. Essentially, Zeller is a romantic armed with surrealist technology and baroque flair. He is a poet with a muse, the "queen of fever." He never betrays the slightest fear of taking her too far, and at times sensuality will spiral off into abstraction. But a little literary pandemonium along the way is a small price to pay for an excursion into "the almond's secret folds." Poetry for those with a sweet tooth.

Zeller's approach is not so much metaphoric as metamorphic. The sheer weight of images exerts a geological pressure that fuses each poem into a single slab. The traffic in symbols is so thick they simply can't be used as individual tools to pry meaning out of ordinary reality, our world of coffee and donuts. The images congeal into foam, "the volcano food of dreams"; the poems become the geology they explore: "The word emerges flower of bones and lava."

Although the book spans some 14 years, there is a constant repetition of certain images that have the effect of a recurring dream that changes slightly each time. Even an image as peculiar as "an exact butterfly" occurs in more than one poem.

Some words occur so frequently that after a while they become familiar as local currency in this country of the antipodes (where the climate's extremes are even more severe than Canada's). I would single out: volcano, veins, knives, feathers, fish-scales, skin, bones and thorns. There are no bicycles, no cars, no beer bottles or candy wrappers. Zeller's world is purely primeval —unlittered by realism— so when he drops a reference as contemporary as "the claw of napalm" into a verse, the effect is startling.

There is no exit from the antipodes. It's a world where clocks explode when you ask the time. Zeller draws few conclusions, and when he does his answer is a Mobius strip: "Life is a tube without remedy." Like anyone staring down-river into the eye of the apocalypse, Zeller has his glimpse of The Horror. His almost rational allegiance to the sensuality of dream

is disturbed by the "gnawing rays" of a god, or by the lack of one altogether: "If we come from the fish, the burning bone / Striving to open up its thorns, if there is no pity, / If they drag the net day by day through the pond, / Where are the eyes that watch us...?"

Still looking, we don masks and watch for our ancestors around the fire.

*The Globe and Mail*, Toronto, Saturday, April 5, 1980.


Brian D. Johnson is a Toronto writer, journalist and musician. He is a regular contributor to *The Globe and Mail*, *Maclean's* and other North American journals.

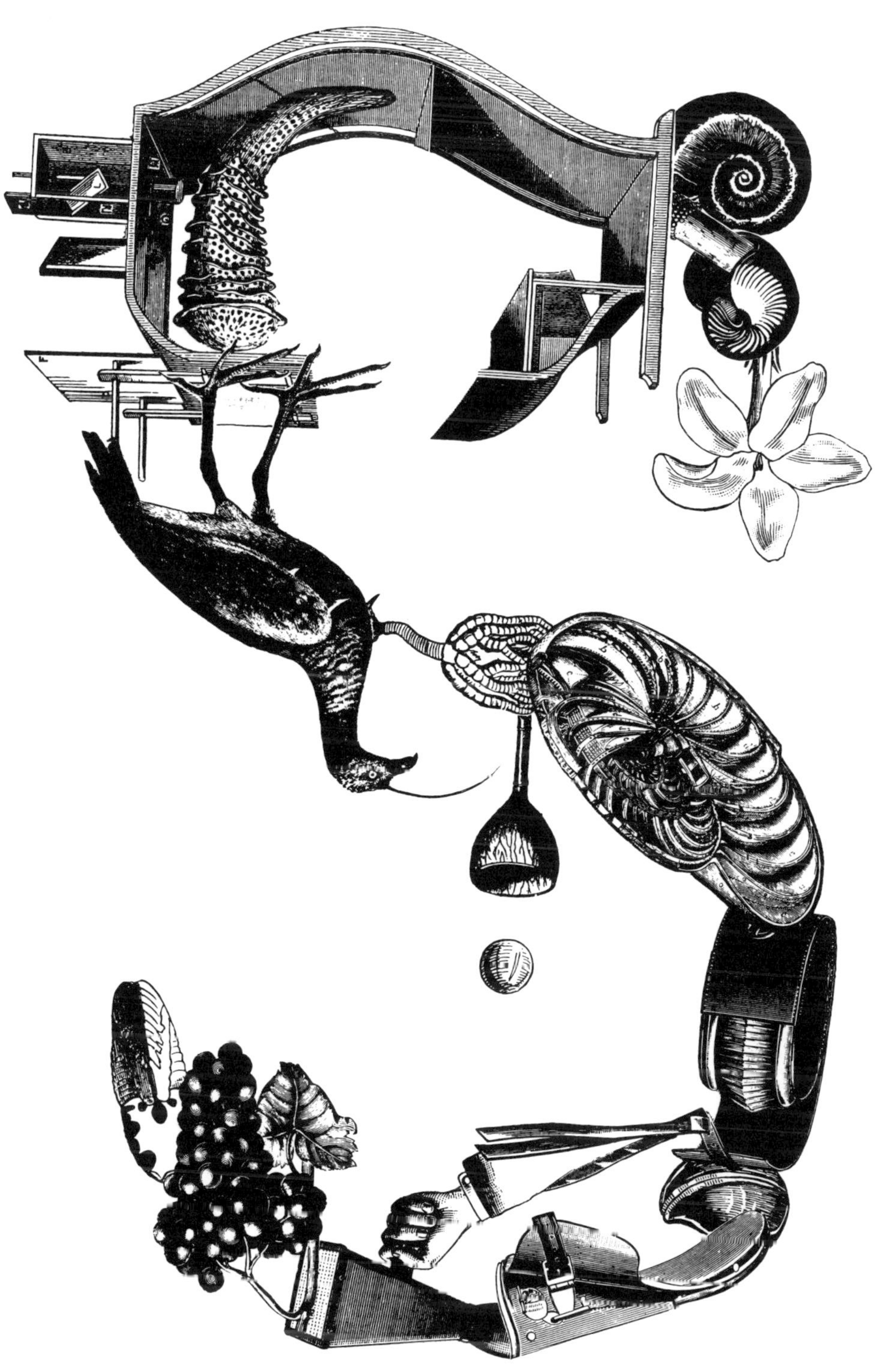

# Don McKay

# SURPRISING THE SYSTEM

Most alphabet books back to Greenaway's *A Apple Pie* domesticate abstract phonetic signs by attaching them to Apple, Barn, Cat, Disco, Enzyme: what the letter stands for in the concrete world. But Ludwig Zeller moves inside the letter creating surreal collages which provoke a sense of mystery and magic, as though leaving the character's workaday self for its inward life. This must be a treat for the letters, who seldom get to talk about themselves outside concrete poetry. Instead of the pristine typography we get shapes teeming with images which do not resolve into work habits (S is for Shoe) but create in Zeller's words "new dimensions that distort time, infinite brittleness in which we rock ourselves." These characters are appearing inside out, each with a subconscious showing instead of the bland public face he usually presents. It's like walking the alphabet's back lanes, looking at the letter's untidy and fascinating yard.

The working alphabet is (a) serious, (b) such an emblem of orderly progression, (c) remembering to keep within the lines, (d) red pencil marks showing which way your b or d should have bulged or dulged, (e) "the Christ-cross-row of death," as Dylan Thomas sums it up. It's consequently a prime candidate for burlesque and that is certainly one element in Zeller's treatment; with his lampstands, lizards, tweezers, and pieces of anatomy it's as though he'd crowded a circus into a courtroom. There's a constant droll humour bred partly out of the incongruity of the images, but also out of the tension between the letter as sign and its shape as decorative collage. Surrealism like its Uncle Dada has been an astute invader of any order art can set up, as illustrated by the great proverbs of Péret and Eluard (a girdle in July is worth a horde of rats).[1]

Once the system has been taken by surprise and opened up to possibility, the letters appear as rich hordes of potential meaning containing, as they did for the cabalists, all the myriad forms of existence, each cipher a pandora's box or beehive. So instead of the acquisition of writing being experienced as a falling out of nature into culture or learning the "stony idiom of the brain" (Lévy-Strauss and Dylan Thomas) Zeller perceives his own creative act to be in correspondence with divine creativity:

> I paste shape on shape, I make and remake the world in my own fashion, rehearsing the alphabet of a creator-god, in whose breath we are or are undone. So the letters jump, the C runs on the legs of an insect and the owl seizes a rat on top of the D. Exercises of magic when the mind threads strings of old destroyed images creating an infinite and repeated puzzle, like an eternal flowering. Language of signs. I walk where each day I lose my way and I wake suddenly among pyramids of paper and smoking scissors, wrecks that the tide casts up at the edge of light.
>
> Then I walk on the sand of a deserted beach and pick up pebbles that signal to me from their dampness, I affix them to time and the immense collage multiplies itself. He who makes the scissors snap above us, he who cuts up our days and affixes us to the wall has perhaps the same doubts we have, stammerers of a secret melody.

It is interesting that the surrealist's creator is himself a surrealist, and moreover a collagist, working in the dark with fragments and producing, presumably, this work of radical discontinuity we call life. Also it is interesting that the image preserves the notion of the "great book of Nature" without getting pinned down to the concept of pre- ordained order and design. If God is a collagist he works inside time and may not know what he's going to do next, exactly: he'll have to feel it out. In this creation everything will be accidental and necessary.

When we learn the alphabet we really don't experience it as an empty and rigorously sterile form, although we learn to use it that way. Even while our fingers learn parade-square discipline we find certain movements especially difficult or satisfying ("writing r makes my hand go smooth"), develop fancy ways to make the initial letters of our own names, and secretly grow landscapes for each letter to live in. One kid I know tried to make each letter with her body, which caused some muscle strain and frustration. Secretly, we give life to letters, character to characters.

There is great appeal in chinese characters because they preserve traces of thingness in the symbol, keeping in touch with nature by long distance while working as tools of culture. Alphacollage[2] seems to satisfy some of that wish to get back to the body, but there's an important

difference. Picture writing is, after all, as prescriptive as phonetic script: if you want to root the chinese character for "east" back in the concrete you are pretty well obliged to see it as the rising sun entangled in the branches of a tree. But it is part of the complex nature of alphacollage that its images (as opposed to its signs) should wear their arbitrariness, the fact that other images would be selected by other minds or by the same mind under other circumstances. Because they claim neither permanence nor universality (everything in collage is *borrowed*) the images pull against the stern system to which the letter, as sign, is connected, and testify to the abundant, playful, transitory world of the imagination.

Zeller muses on origins in his introduction (which is printed in the original Spanish, French and English):

> *Once I was a child and I swallowed in great gulps the alphabet soup, still steaming that my mother passed me. Maybe I saw the letters in the deep blue and frozen sky, where they are painted with vapour trails, or when with other children I set pieces of broken lava on the sand, making shapes that now come again to my hand and are here.*

Perhaps he was then moving from the innocence of simply accepted things (lava, vapour trail) through the impulse to decorate (make shapes of lava, see them in vapour trails) toward the urge to signify, to make an alphabet. In alphacollage, we might say, the things appear again inside the signs, though not in their original forms. They are now not things but images of things, in fact transplanted images of things, since they have been chosen and cut from their original homes in catalogues and textbooks. There is a deep nostalgia in this alphabet, not just because most of the images are antiques, but because this archaic style of technical and commercial drawing —ornate, exact, lovingly detailed— has been largely supplanted by photography. Each letter is a small, packed junk shop open for browsing, a place where images of obsolete objects can find repose in art: nineteenth century machines and instruments, a calendar from the 1890's, Marris's Almond Tablets, a high button shoe, gentleman in evening dress, fancy coal-oil lamps, elaborate cuffs, cutlery, a clarinet (using, I think, the old Albert system of fingering), meticulously drawn to include such things as the brand name of scissors. Even the armadillos, lizards and fish suggest prehistory rather than the present. Besides de content and drawing style, Zeller's arrangement of materials is generous to ornamentation and filigree, allowing decoration to exceed function at every turn, encouraging the eye to linger and explore, discovering such things as the tiny bridge suspended above the mid-stroke of the F. We encounter here an art both quick and baroque, moving with great wit and bravura, yet heavy with memory.

For Ludwig Zeller, the alphacollage may be a way to bring things together. It unites collage and writing, and, since he came to Canada from his native Chile in 1971, may also be a means of preserving his personal past amid drastic change. Retelling the alphabet the artist seems to be affirming connections in his life as well as his art. Zeller's dedications reach forward and backward through generations.

*To my father, who helped me to decipher the first letters.*
*To my fellows in childhood, with whom I drew sings in the desert.*
*To my son Javier, who in his sweetness can still read out loud of this alphabet.*

Fitting then, to find twenty-seven letters in the alphabet, the "extra" one being testimony to the artist's roots in Spanish America, and one of the most striking in the book.

This article appeared in *Brick*.

[1.]    See Ray Ellenwood's review of these and other surrealist publications, among them several other books of Ludwig Zeller's poems and collages, in *Brick 6*.

[2.]    I notice that I tend to speak of alphacollage as a genre or medium rather than just as a book title. Why not?

Don McKay has published five books of poetry which explore and transforms the familiar world around him. He lives with his family in the country near London, Ontario where besides poetry, he devotes his time to editing Brick Books, watching birds and teaching English at the University of Western Ontario.

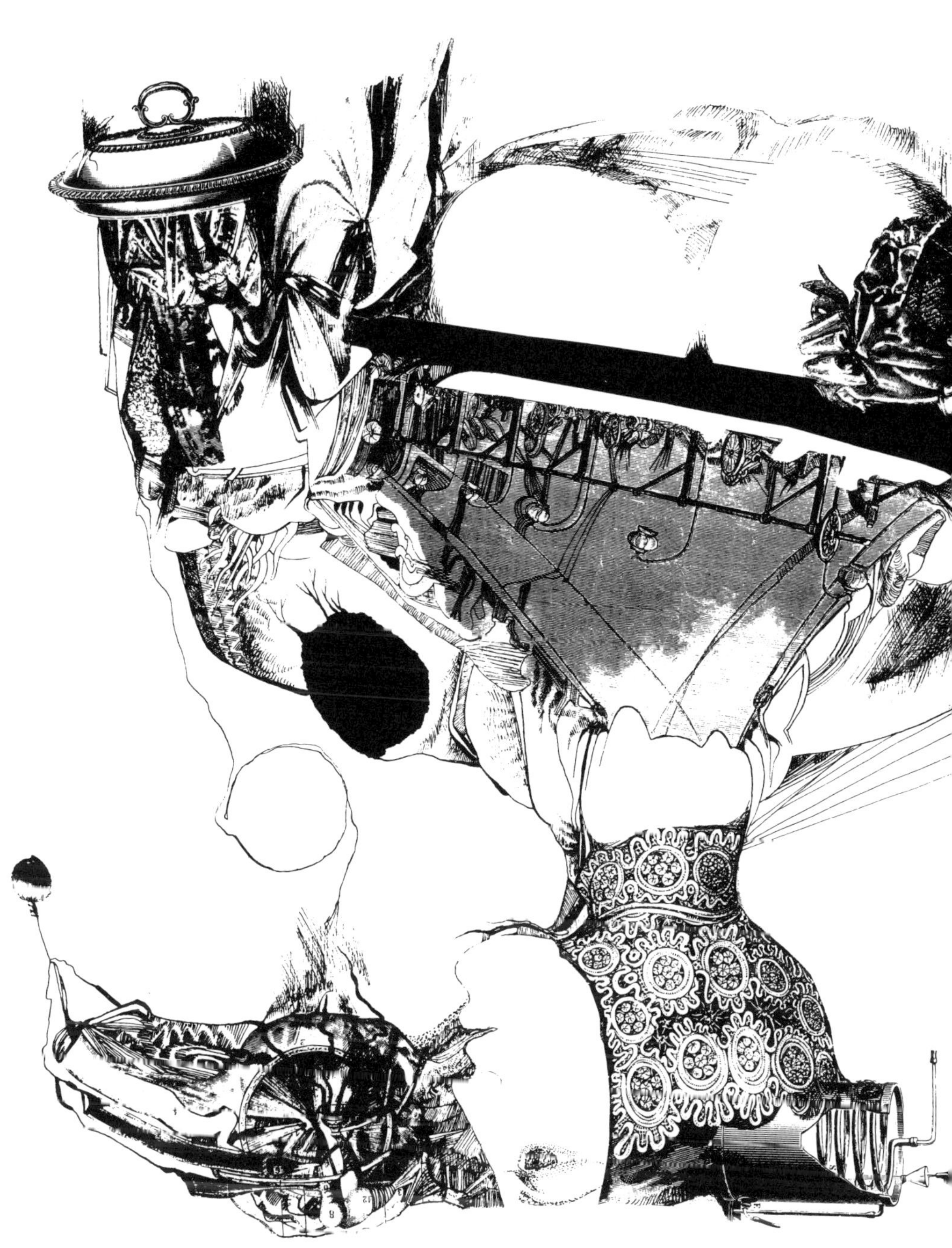

# Robin Skelton

# "ONCE UPON A TIME…"

Once upon a time a writer was asked to contribute an essay to a symposium, and the writer said "What do you wish me to write about?" and he was told "Ludwig Zeller" and that writer sat down and began to make notes, and the notes filled a number of notebooks. After the notebooks were all filled the writer had a minor breakdown, and when he had recovered he said to the editor of the symposium:

"You ask me to write about reality when you should know that the only language in which reality can be described with any accuracy is a language that is commonly categorized as surreal. How can I use the sub-real language of common literary criticism to discuss the way in which the accurate portrayal of experience presents a continual and vibrant ambiguity, indeed pleuromancy? If my reader, attuned to the sub-realistic terminologies of academe, objects to my commenting that the third line of a poem is a teardrop and the fourth a furnace and that both together form the hand of Ariadne, how can I hope to continue with any assurance? Dare I, perhaps, imply, if not state, that the poetry and the art of Ludwig Zeller is essentially anarchistic, individualistic, particular and peculiar to himself and therefore universal, as it exemplifies the solipsism of our universe and the idiocy of generalities? I do not know that I have the nerve. And yet it is the nervous energy of Zeller which first captured me in his collages. They were not only constructed with the tensile assurance of arachnean webs, but they were also as allusive and multiple-visioned as any many-eyed creation. But add to that the verbal harmony, the resonance of the syllabling, the lifts and swerves and descents of the voice of the verse, and my nerve must fail again, for it is one of the defects of current commentators upon poetry that they seem unable to hear verbal

music or understand that a sentence, a phrase, can have the liquid authority of a Chopin or the heart- wrenching power of a T-Bone Walker.

I have to step away from the work, from the collages, from the poems. I have to look for something else upon which to comment, and I find myself looking at the chapbooks issued so elegantly by Ludwig Zeller and Susana Wald from their *Oasis Publications*. Visually, these are a delight, but they are more than that. Who else but Ludwig and Susana would have brought the proverbs of Paul Eluard and Benjamin Péret to Toronto? Who else, in 1977, would have given us the poems of the imprisoned Breyten Breytenbach and called for his release? And there are more triumphs yet, especially in the tiny periodical, *The Philosophical Egg* which, in both Spanish and English, provided constant excitement and stimulus.

But I see that I am talking again in the language of sub-realism, not in that of what I would like to label "actualism", because what actually is perceived is rarely that which is described (sub-realistically) by the percipient. It is the coming to terms with the actual in the work of Ludwig Zeller that so enthrals me. I am, in reading his poems, in regarding his collages, entering a world in which every experience, thought, or sensation exists on numerous levels, as many different vibrations and kinds of vibration. The common reaction is alongside, or embedded in, the esoteric interpretation; the quick allusion is combined with the gradual and cumulating paragraph. The stuff is as complex and vivid and multi-valenced as —no, not a dream, for that is an evasive allusion— life itself. I say that dream is an evasive allusion because, although the surrealists made full and expert use of it, and although they had the wit to play Freudian games with its imagery, they did not perceive that the only difference between waking and dreaming experience is that the former accepts and depends upon a more limited awareness required in order to conduct the business of the day. The wise and the visionary among us contrive, in one way or another, to limit the demands of the day's business, to maximize the awareness that is intense in dream, and to bring together, in harmony, the two approaches to the actual. Let us not say one is real and one unreal or surreal. Let us rather say the actual is where we are, and what we do, and how we think and feel and speak and make love.

So when you ask me to write about Ludwig Zeller you are asking me to redefine actuality. I am not equal to the task. I can, however, say that when next I sit at table with Ludwig and Susana and lift my glass of good red wine I will thank you for asking me to write. The impossible is a splendour it is good to encounter."

So saying the writer looked the editor in the eye and it is hard to determine whether they were laughing of crying.

Robin Skelton (1925) is the prodigious author of some 60 books, half of which are collections of his own poetry, including *Selected Poems 1947-67, Georges Zuk: Selected Verse, Because of Love, Landmarks, Distances,* among others. Extremely versatile, perfectly at ease in all genres, prolific collagist, Skelton has been a tireless promoter of international literature as publisher and editor of *The Malahat Review.* His wide knowledge of English and Irish literature has resulted in such legendary works as *Poetry of the Thirties, The World of W.B. Yeats* and *The Poet's Calling.*

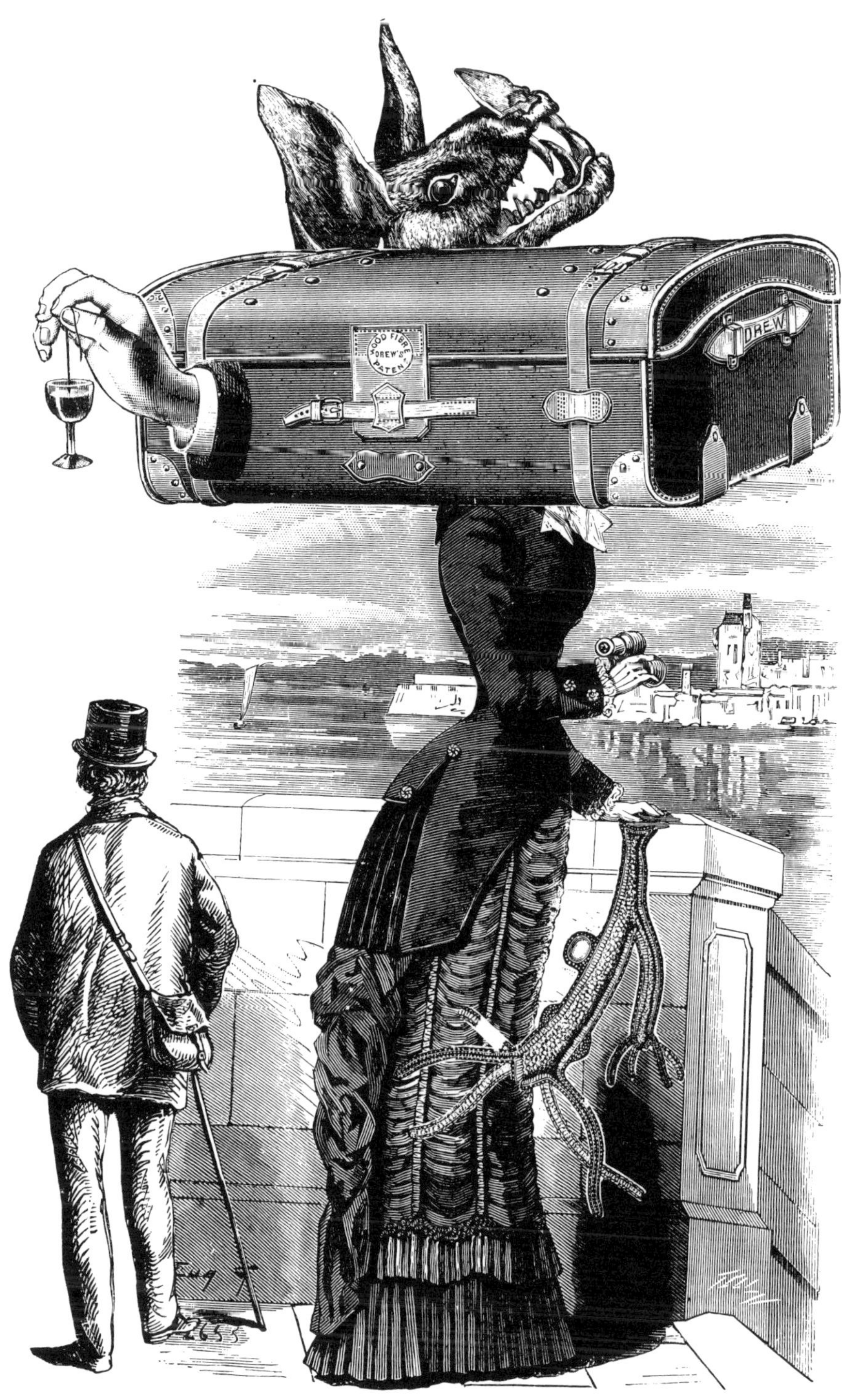
DREW
WOOD FIBRE
DREW'S
PATEN

# Floriano Martins

# UNCONTROVERTIBLE FACTS ABOUT LUDWIG ZELLER'S WORK

*Don't mix your insults:criticism is one, poetry another.* L.Z.

I.

In touching the essence of man, poetry reveals him in all his contradictions and magnificence. In drawing the veil from the unknown, poetic experience shows us the absolute meaning of reality. This unique moment of communion with things around us is basic to the universal expression of poetry throughout times. We are in everything in the exact proportion that all things are in us. This is the sacred flux of reality, reflex and reflection of all movement that gives us meaning. Reality, therefore, begins from within man and returns to him, and poetry is not a flight or a deformation of reality but its absolute affirmation.

II

Pierre Reverdy has noted that the distance and precision of association of ideas is what imparts to the image its strength, its unmistakable charge of emotion and reality. Through the image poetry reflects the interior experience of man. Poetry is equivalent to love, expressed by signs that complement each other: the rhythm of the image, the image of the rhythm. In combining these elements (as mystics combined faith and discipline), poetry penetrates the great abyss of language, its extreme and deepest

region: silence. There it discovers that the *dramatizo* of its experience is the only way of revealing the similarity between men and things around him.


III

On the drawing board a few opened books, notes, crumpled papers. Disorder too has its fecund norms. After all it is disorder that redirects and reintroduces into the world its original flux. Very well: beginning with these disordered papers I begin to write a few words about Ludwig Zeller (1927- ), the admirable Chilean poet now settled in Canada. I read, to begin, a few texts about him which I consider important, signed by Jose Miguel Oviedo, Edouard Jaguer, Anna Balakian, A.F. Moritz. All these critics return to a central question: how to explain the absence of this great poet from the anthologies? It is true that the logic of anthologies has as a principle to deny expectations. Nevertheless, such a vehement unanimity deserves to be carefully examined. A similar case in Hispanic American poetry can be seen in relation to the work of poets such as Alfredo Silva Estrada (1933 -) and Jose Kozer (1940 - ). The latter provoking at least an attentive exception on the part of the always judicious Jorge Rodriguez Padron in his *Antología de la poesía Hispanoamericana 1915-1980* (Espasa Calpe, Madrid, 1984). And there are others. The case of Ludwig Zeller, however, is most intriguing, for he is absent even from anthologies dedicated to Surrealism — a movement to which he has been continuously associated. Rather than pursue, however, the reasons for this absence — something at any rate, to us, somewhat unexplainable— we prefer to focus on the undeniable reasons for his guaranteed presence on the stage of contemporary literature.


IV

The name of Ludwig Zeller is intimately connected to Surrealism and particularly to Chilean Surrealism, not only for his visual and literary contributions but for his extensive publishing activity as well. Since the Sixties, when he still resided in Santiago, to the present, established in Toronto, Zeller has been active in publishing not only his books but those of other Chileans such as Humberto Díaz-Casanueva, Rosamel del Valle and Enrique Gómez-Correa. In Chile, his publications carried the imprint of *Casa de la Luna*. In Canada he established Oasis Publications with his wife, the visual artist Susana Wald. In this significant publishing effort is confirmed the greatness of one of the great poets of our time. Oasis Publications published books of poetry as well as exhibit catalogues, recordings of poetry readings and, more recently, a video (*The Alchemical*

*Body*, 1986), a videopoem by Zeller himself that includes collages and paintings by Zeller and Susana Wald. This untiring editorial diligence gives to Ludwig Zeller, in the area of Latin American Surrealism an importance equal to that of another important  source of surrealist aesthetic, the argentine Aldo Pellegrini.


V.


In his book of aphorisms *A Perfumed Camel Never Does the Tango* (1985), there is one which is of special interest: "Surrealism: geologic fault in the country of dream." One could say that the essence of Surrealism resides in its tireless search for a synthesis between reality and dream. If dream is the metaphor-key which opens the door to reality, the opposite is also true. I understand both currents as essential to the foundation of being. Never should they be separated or preeminence be given to one at the expense of the other. In this sense, Latin American Surrealism, contrary to what is thought by a confused segment of critics, has produced essential works among which one can underline the books of César Moro, Emilio Adolfo Westphalen, Octavio Paz, Enrique Molina, Sergio Lima, Ludwig Zeller and Enrique Gómez-Correa.  Zeller's work brings us to a particular observation: although Surrealism is of the greatest importance in understanding the manner in which he controls form and content, one must also take note of the baroque elements to be found in his work. Baroque and Surrealism: these two aesthetics continue to inform and renew contemporary poetics. Through a fusion of both currents, the poetry of Zeller always takes us to the edge of the abyss, where images, voices, visions gather in order to devour conflicts, giving flesh on each reading to the very body of the human condition. A precise metaphoric process of bringing together dispersed realities lends to this poetry its fascinating and abyssal intensity. Among his books are to be found: *Sílaba incandescente del deseo* (1981), *Mujer en sueño* (1988), and *Salvar la poesía quemar las naves* (Fondo de Cultura Económica, Mexico 1988), this last, a beautiful anthology of his poetry published between 1957 and 1984 and including unpublished material from 1986. It is worth noting that most of this poetry was published originally in trilingual editions (Spanish, English and French), and that the exquisite multilingual edition of his poem "El Faisán blanco," A Celebration (Mosaic Press/Oasis Publications, 1987), gathered translations done by 51 translators (the Brazilian version is signed by Sergio Lima) and the work of 45 visual artists who interpreted the poem. This effort constitutes without doubt one of the more ambitious recent editorial projects. Beyond the works already mentioned I should also take note of the English editions: *The Marble Head and Other Poems*, (1986) *The Ghost's Tattoos* (1989), both translated by A.F. Moritz and Beatriz Zeller.

VI

Since the beginnings of Surrealism, the collage has enjoyed a great success and one would be hard pressed to find the artist, that having embarked on the surrealist adventure did not at one time devoted himself to that technique. Beginning with Max Ernst, the distinguished names are many including Jindrich Styrsky, Joseph Cornell, Jindrich Heisler and M.W. Svanberg without forgetting the already well known Magritte, Ray, Brauner and Picasso. Ludwig Zeller's undisputable contribution to contemporary art also extends to the visual arts through his rigorous work with collages. The essence of that contribution — as Edouard Jaguer so rightly points out in his preface to the collection of Zeller's collage published in *50 Collages* (Mosaic Press, 1981) - is his radical renewal of the classic collage (utilizing 19th century prints) at the very moment when that surrealist technique had reached an impasse. Reclaiming with discipline the methods already utilized by Max Ernst, Zeller confronts the great challenge in the life of every artists: to renew the language, bringing to it a new and healthy rhythm. And Zeller accomplishes this with a mastery seldom matched. Besides the many exhibits (Chile, Canada, United States, France, Belgium, England, Spain, Mexico and Italy), Zeller's collages are present in all his books and in those of other poets that he has published. It is important here to take note of a genial and authentic partnership: the fusion of his collages with the paintings of his wife Susana Wald. Such a marriage surprises us by its great results. The technique consists in Zeller handing over the collage to Susana so that she, through her painting, uncovers/discovers new facets in the work. The result is a passionate work by four hands. That work constitutes, without doubt, one more way in which Ludwig Zeller confirms his multiple talent and the supremacy of a perennial renewer of artistic languages.

Floriano Martins is a poet and publisher. Together with Sergio Lima he has tirelessly promoted surrealism in Brazil. He is the author of countless translations of contemporary poetry into Portuguese and is currently at work on an anthology of Latin American poets to appear in Brazil. Notable are his interviews and articles on major Latin American authors such as Enrique Molina.

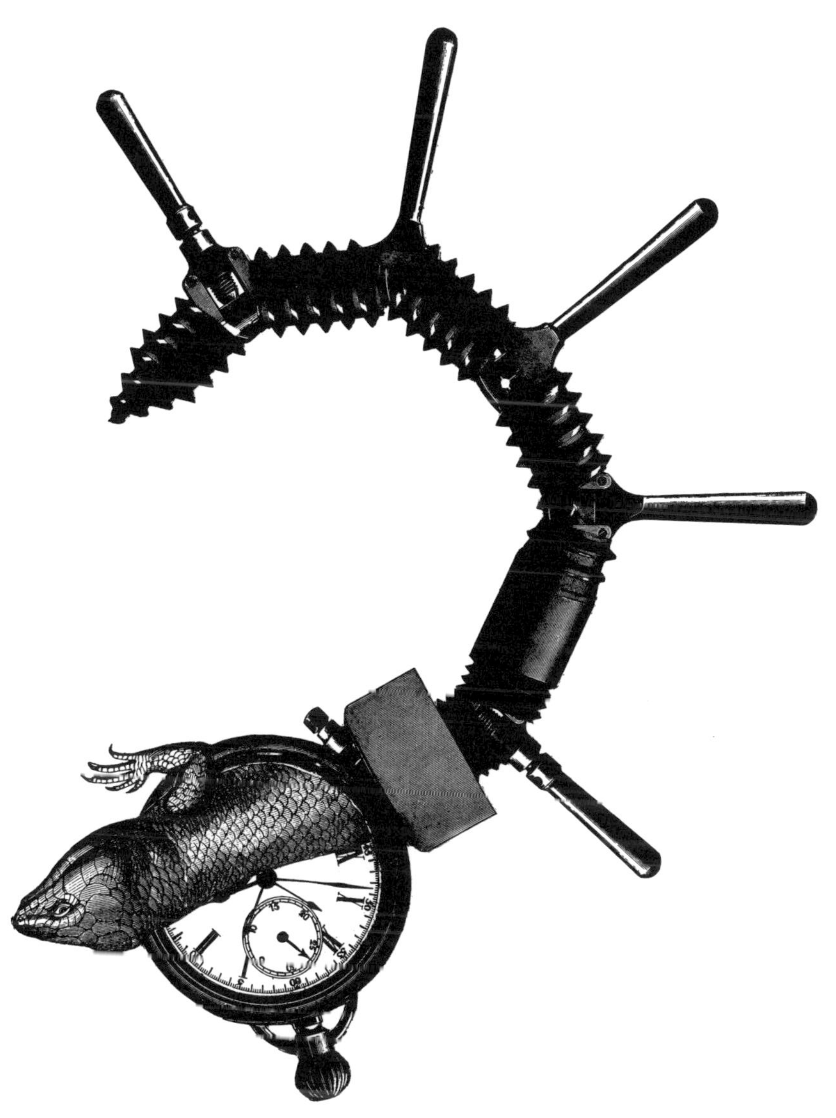

# PUBLICACIONES DE LUDWIG ZELLER / PUBLISHED WORKS OF LUDWIG ZELLER

**Los elementos.** Santiago: Edición del autor, 1953. Cuatro poemas con cuatro grabados en color de Francisco Otta. Edición de lujo de 40 ejemplares. *Four poems with four color etchings by Francisco Otta. De luxe edition; 40 copies. Talleres Gráficos París.*

**Los elementos.** Santiago: Edición del autor, 1953. Edición corriente con grabados en blanco y negro by Fracisco Otta. *Standard edition, illustrated with black and white etchings by Francisco Otta. Talleres Gráficos París.*

**Sed sobre el cuerpo.** Santiago: Ediciones Zona, 1956. Hoja doblada en cuatro conteniendo el poema escrito en 1954, con viñetas de Francisco Otta y Víctor Herrera; prólogo de Dámaso Ogaz. *Poem, written in 1954, published on a sheet of paper folded in four with vignettes by Francisco Otta and Víctor Herrera and a preface by Dámaso Ogaz.*

**Las marionetas.** Santiago: Edición del autor, 1957. Cuatro poemas escritos entre 1952- 1954, con xilografías de Eduardo Martínez Bonatti. *Four poems written between 1952- 1954; woodcuts by Eduardo Martínez Bonatti.*

**Exploración de la noche.** Santiago: Instituto Chileno-Británico, 1957. Catálogo para una exposición de poemas y cuadros basados en leyendas chilenas, realizada en colaboración con el artista Emilio Hermansen, contiene 6 poemas. *Catalogue to an exhibition of 6 poems and paintings based*

on Chilean legends; done in collaboration with the visual artist Emilio Hermansen. Contains 6 poems.

**Éxodo y otras soledades.** Santiago: Edición del autor, 1957. Primera antología de poemas, escritos entre 1952 y 1957. 80 pp. *First collection of poems written between 1952 and 1957.*

**Paloma que se sueña.** Santiago: Edición del autor, 1960. Poema impreso en un cuadrado de papel, doblado en forma de paloma y enviado a los amigos como saludo de año nuevo. *Poem printed on a square piece of paper, folded into the shape of a dove and sent to friends for New Year's.*

**Puente sin fin.** Santiago: Edición del autor, 1960. Grabado original de Viterbo Sepúlveda (1,10m X 45cm) en el que se incluye el poema y la caligrafía del autor. Colección privada. *Original etching by Viterbo Sepúlveda (1.10m X 45cm) which includes the poem handwritten by the author. Private collection.*

**Del Manantial.** Santiago: Edición de Viterbo Sepúlveda, 1960. Ejemplar único que incluye 20 grabados de Viterbo Sepúlveda, quien además realizó la cubierta en cobre repujado con incrustaciones de piedras semi-preciosas y ámbar. Caligrafía de Julio Palazuelos. Colección privada, Santiago, Chile. *One-of-a-kind edition illustrated with 20 etchings by Viterbo Sepúlveda who also made the cover out of copper with inlays of semi- precious stones and amber. Calligraphy by Julio Palazuelos. Private collection, Santiago, Chile.*

**Del manantial. Poemas (1957-1961).** Santiago: Edición del autor, 1961. 48 pp. Incluye un retrato del autor por Viterbo Sepúlveda. *Includes a portrait of the author by Viterbo Sepúlveda. 48 pp.*

**A Aloyse.** Santiago: Escuela Nacional de Artes Gráficas, 1964. Poema impreso en una tira de papel rojo de dos metros de largo concebido originalmente como una cinta de Moebius; pertenece a una serie de cinco textos escritos en 1963; los otros cuatro se han extraviado. *This poem, printed on a 2 meter strip of red paper, originally conceived as a Moebius strip, belongs to a series of five texts written in 1963; the other four were lost.*

**Las reglas del juego. The Rules of the Game. Les Règles du jeu.** Spiel-regeln. Santiago: Ediciones Casa de la Luna, 1968. Poemas escritos en 1964. Publicación en su original español, en alemán (traducción de Wera Zeller), inglés y francés (traducción de Estela Lorca), con ilustraciones de Susana Wald. *These poems, written in 1964, were published in the Spanish original, in German (translation by Wera Zeller) and in English and French (translations by Estela Lorca), with illustrations by Susana Wald. 80 pp.*

**Los placeres de Edipo.** Santiago: Editorial Universitaria, 1968. Poemas y collages. *Poems and collages. 80 pp.*

**Siete caligramas recortados en papel.** Santiago: Ediciones Casa de la Luna, 1968. Portafolio de serigrafías en color producido en Estudios Norte. *Portfolio of silk-screens, produced at Estudios Norte.*

**Mujer en sueño.** Toronto: Publicación privada, 1972. Audio-cassette en español y en traducción inglesa de Estela Lorca, en una caja-objeto de cerámica. 100 ejemplares numerados. *Audio cassette in the original Spanish and in English translation by Estela Lorca contained in a ceramic sculpture box. 100 numbered copies.*

**Surréalisme 1924-1974.** Toronto: Publicación privada, 1974. Doce sellos conmemorativos del 50 aniversario del primer manifiesto surrealista. Conjunto de cuatro hojas impresas en colores diferentes. *Twelve stamps to conmemorate the 50th anniversary of the first surrealist manifesto. Set of four sheets printed in four different colors.*

**Dream Woman.** Santa Cruz, Calif.: Kayak Press, 1975. Edición en inglés de la traducción de George Hitchcock y Fernando Alegría con collages del autor. *English translation by George Hitchcock and Fernando Alegría, with collages by the author.*

**Mujer en sueño.** Toronto: Oasis Publications, 1975. Dibujos de Susana Wald. *Drawings by Susana Wald.*

**Woman in Dream.** Toronto: Oasis Publications, 1975. Traducción inglesa de Estela Lorca; dibujos de Susana Wald. *Published in Estela Lorca's English translation; illustrations by Susana Wald.*

**A Aloyse.** Toronto: Oasis Publications, 1976. Segunda edición en español, con ilustraciones de Susana Wald. *Second Spanish edition, with illustrations by Susana Wald.*

**Cuando el animal de fondo sube la cabeza estalla. When the animal rises from the deep the head explodes. Quand l'animal des profondeurs surgit la tête éclate.** Oakville: Mosaic Press/Valley Editions, 1976. Edición en el original español, traducción inglesa de Susana Wald y John Robert Colombo, y francesa de Thérèse Dulac; collages del autor. *Published in the original Spanish, in English translation by John Robert Colombo and Susana Wald and in French translation by Thérèse Dulac; collages by the author.*

**Mirages.** Toronto: Oasis Publications, 1977. Primer portafolio de 12 mirages (collages con dibujos en tinta) hechos en colaboración con Susana Wald. Texto en inglés. *Portfolio of 12 mirages (collages and pen and ink drawings) done in collaboration with Susana Wald. English text.*

**Three Lithographs. Three poems.** Paris / Toronto: Oasis Publications, 1977. Tres poemas en traducción inglesa y tres litografías de Susana Wald realizadas en el taller de Michel Cassé, en París. *Three poems published in English translation and three lithographs by Susana Wald; produced at the studio of Michel Cussé in Paris.*

**Los espejos de Circe. Visiones y llagas. Nómades en el mándala. Circe's Mirrors. Visions and wounds.** Wanderers in the Mandala. Toronto: Oasis Publications, 1978. Tres poemas publicados en español e inglés (traducción de Susana Wald y A.F. Moritz) reunidos en una caja transparente. Ilustraciones en Mirages de Susana Wald y el autor. *Three poems published in the original Spanish and in English translation by Susana Wald and A.F. Moritz that come as a set in a transparent plastic box. Mirages illustrations.*

**Alphacollage.** Erin, Ontario: The Porcupine's Quill Inc., 1979. Alfabeto en collage con un texto introductorio en español, inglés y francés. Segunda edición, 1982. *An alphabet done in collages with an introduction by the author; in Spanish, English and French. Second edition: 1982.*

**In the Country of the Antipodes.** Oakville: Mosaic Press/Valley Editions, 1979. Poemas 1964-1979, en traducción inglesa de Susana Wald y A.F. Moritz, con una introducción de este último; ilustraciones y documentos iconográficos. *Collection of poems written between 1964-1979 published in English translation by Susana Wald and A.F. Moritz, with an introduction by the latter; illustrated. 176 pp.*

**50 Collages.** Oakville, Paris: Mosaic Press, Jean Michel Place, 1980. Recopilación de 50 collages en blanco y negro, con una presentación de Arturo Schwarz y una introducción de Edouard Jaguer. Textos en español, inglés y francés. *A compilation of 50 black and white collages, with a preface by Arturo Schwarz and an introduction by Edouard Jaguer. All texts in English, Spanish and French.*

**Cuando el animal de fondo sube la cabeza estalla. Quand l'animal des profondeurs surgit la tête éclate.** Toronto: Oasis Publications, 1981. Audio-cassette del libro del mismo título, en español y francés. *Audio-cassette of the book by the same title. In Spanish and French.*

**Sílaba incandescente del deseo. Incandescent Syllable of Desire. Syllabe incandescente du désir.** Toronto: Oasis Publications, 1981. En su original español y en traducción inglesa y francesa de Beatriz Zeller; ilustrado con mirages. *In the Spanish original and in English and French translations by Beatriz Zeller. Mirages illustrations.*

**Eugenio Granell o la invención del dado. Eugenio Granell or the Invention of Dice.** Toronto, New York: Oasis Publications, 1982. Poema en el original español y en traducción inglesa de Beatriz Zeller y A.F. Moritz; publicado en ocasión del homenaje a E.F. Granell en Brooklyn College, Nueva York; ilustraciones de Susana Wald; fotografías. *In the original Spanish and in English translation by Beatriz Zeller and A.F. Moritz; published to coincide with a tribute to E.F. Granell at Brooklyn College, N.Y.C.; illustrated by Susana Wald. Contains photographs.*

**Espejismos/Mirages.** Toronto: Hounslow Press, 1983. Selección de obras en colaboración con Susana Wald de collages y dibujos. Texto introductorio, biografías y un epílogo de John Robert Colombo, en inglés y español. *A selection of works in collage and pen and ink drawings done in collaboration with Susana Wald. Contains an introduction, biographies of both artists and an epilogue by John Robert Colombo in Spanish and English. 116 pp.*

**The Funnel of Sand.** Toronto: Oasis Unique, 1983. Poema en traducción inglesa; edición de lujo con dibujos y tipografía trazada a mano por Susana Wald. Ejemplar único; propiedad de Thomas Fisher Rare Book Library, Toronto. *De luxe edition of the poem in English translation, with drawings and text done by hand by Susana Wald. One copy only. Thomas Fisher Rare Book Library, Toronto.*

**Los escombros del alba. Rubble of Dawn.** Toronto: Oasis Publications, 1984. Edición de lujo. 27 ejemplares con un grabado original de Richard Gross. En español y en traducción inglesa. *De luxe edition of 27 copies with an original etching by Richard Gross. In the Spanish original and in English translation.*

**Los ojos de la muerte. The Eyes of Death.** Toronto: Oasis Publications, 1984. Edición de lujo. 27 ejemplares con dos grabados originales de Susana Wald. En español y traducción inglesa. *De luxe edition of 27 copies, with two original etchings by Susana Wald. In the Spanish original and in English translation.*

**La cabeza de mármol. The Marble Head.** Toronto: Oasis Publications, 1984. Edición de lujo de 27 ejemplares con grabado original de Susana Wald. En español y traducción inglesa. *De luxe edition of 27 copies, with an*

*original etching by Susana Wald. In the Spanish original and in English translation.*

**Quebrar las máscaras. Breaking the Masks.** Toronto: Oasis Publications, 1985. En español y traducción inglesa, con collages hechos en timbres de goma por Jon Graham. *In the Spanish original and in English translation by Beatriz Zeller and A.F. Moritz, with rubber stamp collages by Jon Graham.*

**Mujer en sueño.** Toronto: Oasis Unique, 1985. Edición de lujo. El tipo va impreso sobre hojas de acetato superimpuestas sobre 27 acuarelas originales de Susana Wald. Libro único. Colección de la Metropolitan Toronto Reference Library. *De luxe edition of this poem, with typography on acrylic sheets and color illustrations by Susana Wald. One-of-a-kind. Metropolitan Toronto Reference Library collection.*

**A Perfumed Camel Never Does the Tango.** Örkelljunga, Sweden: Dunganon Press, 1985. 99 proverbios en traducción inglesa de A.F. Moritz y Beatriz Zeller, con ilustraciones de Tony Pusey. *99 proverbs published in English translation by Beatriz Zeller and A.F. Moritz, with illustrations by Tony Pusey.*

**Un camello perfumado jamás baila tango. A Perfumed Camel Never Does the Tango.** Toronto: Oasis Publications, 1985. Edición en el original español y en traducción inglesa. Collages del autor. *Published in the Spanish original and in the English translation by Beatriz Zeller and A.F. Moritz, with collages by the author.*

**The alchemical body.** Toronto: Oasis Publications, 1986. Videopoema. Collages del autor y pinturas de Susana Wald proyectados sobre el cuerpo humano. Videopoem. *Collages by the author and paintings by Susana Wald projected over the human body. 20 min.*

**The Marble Head and Other Poems.** Oakville: Mosaic Press, 1986. Traducción inglesa de A.F. Moritz y Beatriz Zeller, con una introducción de José Miguel Oviedo; ilustraciones de Susana Wald. *English translation by A.F. Moritz and Beatriz Zeller, with an introduction by José Miguel Oviedo and illustrations by Susana Wald.*

**Ludwig Zeller: A Celebration.** Toronto, Oakville: Oasis Publications, Mosaic Press, 1987. El poema "El faisán blanco" en 50 idiomas diferentes con igual número de ilustraciones realizadas por artistas y poetas amigos de Zeller con ocasión de sus 60 cumpleaños. Contiene fotografías del autor. Edición realizada para la exposición de las obras visuales y un acto homenaje llevado a cabo en Metropolitan Toronto Reference Library. *The*

*poem "The White Pheasant" published in fifty languages with an equivalent
number of illustrations done by poets and artists friends of the author on the
occasion of his 60th birthday. Produced to coincide with an exhibition of the visual
works contained in the book and a tribute held at the Metropolitan Toronto
Reference Library.*

**El faisán blanco.** Osaka, Japón: Editions 403vie, 1987. Edición de 60
ejemplares; en traducción japonesa hecha por artistas japoneses como
homenaje a Zeller. *An edition of 60 copies of "The White Pheasant" in Japanese
translation.*

**Ludwig Zeller.** Rotterdam, Holanda: Poetry International Rotterdam,
1987. Publicación bilingüe en español y traducción holandesa de Laurens
Vancrevel. *Biligual publication in Spanish and in Dutch translation by Laurens
Vancrevel.*

**Atenea.** Concepción, Chile: Universidad de Concepción, No.456 (Segundo
Semestre de 1987). Separata de la revista del mismo título conteniendo
artículos sobre el autor, selección de poemas, collages en blanco y negro,
en color y mirages. *Offprint of Atenea containing a selection of poems, black-
and-white and color collages, mirages, and articles about the author.*

**Salvar la poesía quemar las naves.** México: Fondo de Cultura Económica,
1988 (Colección Tierra Firme). Antología poética (1954-1987), con una
introducción de Alvaro Mutis y collages del autor. *Collection of poems
written between 1954-1987 with an introduction by Alvaro Mutis.*

**Mujer en sueño.** Bogotá, Colombia: Gradiva, No.4, 1988. Separata
conteniendo el poema, con ilustraciones de Susana Wald. *Offprint containing the poem "Woman in Dream", with illustrations by Susana Wald.*

**The Ghost's Tattoos.** Oakville, New York, London: Mosaic Press, 1989.
Traducción inglesa de Beatriz Zeller y A.F. Moritz, con una introducción
de Alvaro Mutis e ilustraciones del autor. *English translation by Beatriz
Zeller and A.F. Moritz, with an introduction by Alvaro Mutis and illustrations
by the author.*

**To Saw the Beloved to Pieces Only When Necessary.** Toronto: Exile
Editions, 1990. Antología de poemas de amor en traducción inglesa de
Susana Wald, Beatriz Zeller, A.F. Moritz y Robin Skelton, con un epílogo
y collages del autor. *Zeller's collected love poems in English translation by
Susana Wald, Beatriz Zeller, A.F. Moritz and Robin Skelton. Epilogue and
collages by the author.*

**OBRAS DE LUDWIG ZELLER APARECEN EN LOS SIGUIENTES TITULOS**
**WORKS BY LUDWIG ZELLER APPEAR IN THE FOLLOWING TITLES**


*Recortes en papel Ludwig Zeller.* Santiago: Instituto Cultural de las Condes, 1967.

*Casa de la Luna.* Santiago, No.1 (1968), No.2 (1970)

*Arte LSD.* Santiago: Casa de la Luna, 1968.

*Caligramas y recortes en papel de Ludwig Zeller.* Santiago: Instituto Cultural de las Condes, 1969.

Cisternas de Minguez, Leila, José Miguel Minguez Sender. *Antología general de la poesía chilena* (Siglos XVI al XX). Barcelona: Editorial Bruguera, S.A., 1969.

*Surrealismo en Chile, Santiago,* 1970. (Catálogo y exposición a cargo de Ludwig Zeller)

Correa, Carlos René. *Poetas chilenos del Siglo XX.* Santiago: Zig-Zag, 1972.

"Eight Collages". *The Tamarack Review.* Issue 62, (First Quarter 1974) Toronto, Canada.

"Collages". *Kayak.* No.35 (1974) California, U.S.A.

"Rolf Harvey, Vaclav Horak, Ludwig Zeller". Galerie Scollard, May 23, 1974. Toronto, Canada.

"Dream Woman". *Kayak.* No.39 (1975) California, U.S.A.

"Collages". *The Malahat Review.* No.33 (January 1975) Victoria, Canada.

"Surréalisme 1924-1974 (stamps)". *JGE The Journal of General Education The Pennsylvania State University Press.* Vol.XXVII, No.1 (Spring 1975)

"The geological gazebo of Anne Ethuin". *Anne Ethuin.* (Cat.) Toronto: Informall Art, December, 1976.

*Phases.* No.5, 2nd series (1976) Paris, France.

"Homage to E.F. Granell". *E.F Granell.* (Cat.) Dundas, Ont.: Galerie Manfred, Oct-Nov 1977.

*B.L.S. Bulletin de liaison surréaliste 1970-1976.* Paris: Savelli, 1977.

"Siete collages siete poemas". *Revista Nacional de Cultura.* Nos.228-231 (1977) Caracas, Venezuela.

"Collages". *The Malahat Review.* No.44 (October 1977) Victoria, Canada.

"Under the Northern Lights". *Phases.* (Cat.) Dundas, Ont.: Galerie Manfred, July, 1977.

*Imagination.* Bochum, Germany: Bochum Museum, 1978.

"To a hurricane's eye feather crystals". *Suzanne Besson* (Cat). Dundas, Ont.: Galerie Manfred, February-March, 1978.

*Manifestation of Benjamin Péret.* Toronto: A-Space Gallery, 1978.

Colombo, John Robert. *The Poets of Canada.* Edmonton: Hurtig Publishers, 1978.

*Mele, Revista Internacional de Poesía.* Honolulu, Hawaii. Various issues. Varios números.

"Collages, Poems". *Portico.* Vol.3 Nos.2-3. Oakville, Canada.

*By Four Hands Susana Wald & Ludwig Zeller.* (Cat.) Hamilton, Ontario: Art Gallery of Hamilton, 1979.

*Sharing Through Poetry. A Multicultural Experience.* Toronto: University of Toronto, 1980.

"Richard Gross Drawing". *Richard Gross* (Cat) Dundas, Ont.: Galerie Manfred, June, 1980.

"Alphacollage". *Exile.* Vol.7, Nos.1-2 (1980) Toronto, Canada.

*Griffon.* Lyon, France: Galerie Verrière, 1980.

"Mirages". *Escandalar.* Vol.3, No.1 (Enero-Marzo, 1980) New York, U.S.A.

"Nos antipodas". *The Philosophical Egg/El huevo filosófico*. No.1 (Marzo 1980) Toronto, Canada.

*Images en flagrant délit.* Epinal, France: Centre Culturel Epinal, 1981.

"Encantamiento de los espejismos". *Escandalar*. Vol.4 No.4 (Octubre-diciembre 1981) New York, U.S.A.

*Permanence du regard surréaliste.* Lyon, France: Elac, 1981.

Baciu, Stefan. *Antología de la poesía surrealista latinoamericana.* (2nda edición) Valparaíso, Chile: Ediciones Universitarias, 1981.

Nómez, Naín, ed. *Chilean Literature in Canada. Literatura chilena en Canadá.* Ottawa: Ediciones Cordillera, 1982.

*Mirages: Susana Wald & Ludwig Zeller.* Toronto: Galerie Surréaliste, 1982.

Callaghan, Barry, ed. *Lords of Winter and of Love. A book of Canadian love poems in English and French.* Toronto: Exile Editions, 1983.

Arteche, Miguel, Juan Antonio Massone, Roque Esteban Scarpa. *Poesía chilena contemporánea.* Santiago: Editorial Andrés Bello, 1984.

"A Perfumed Camel Never Does the Tango". *Exquisite Corpse.* Vol.2 No.1 (Jan-Feb. 1984) Baltimore, U.S.A.

"Eight Collages". *Exile.*, Vol. 9, Nos. 2,3,4 (1984) Toronto, Canada.

Arteche, Miguel. *Antología personal de la poesía chilena contemporánea.* Santiago: Zig-Zag, 1985.

"Un Songe répété, est-ce seulement un songe? Répétition du songe". *The Philosophical Egg/L'oeuf philosophique.* No.7 (1985). Toronto, Canada.

Becker, Heribert, Edouard Jaguer, Petr Kral, eds. *Das Surrealistische Gedicht.* Bochum, Germany: Zweitausendeins Museum Bochum, 1985.

"Anne Ethuins Geologiska Utsiktstaviljong". *Kalejdoskop.* Nr. 3-4 (1985). Sweden.

Sepúlveda, Viterbo. *Divertimento.* Toronto: Oasis Publications, 1986.

Myers, George. *Alphabets Sublime. Contemporary Artists on Collage & Visual Literature.* Washington, D.C.: Paycock Press, c1986.

"Seven Collages". *Exile.* Vol.11 No.2 (1986). Toronto, Canada.

Turner, Barbara E., ed. *Skelton at 60.* Erin, Ontario: The Porcupine's Quill, 1986.

"Gradiva Passing". *Dunganon.* No. 2 (1986). Örkelljunga, Sweden.

*"Ludwig Zeller. Siete collages y tres poemas inéditos".* Gradiva. No.1 (Mayo-Junio 1987). Bogota, Colombia.

"El paso de Gradiva". *Gradiva.* No.3 (Septiembre-Octubre 1987). Bogota, Colombia.

"Tatuajes del fantasma". *Revista Universidad Autónoma de México.* No.450 (1988). Mexico, D.F.

"Georges Schehadé o las imágenes venidas de otro mundo". *Gradiva.* Año 2, Nos.4-5 (Noviembre 1987-Febrero 1988). Bogota, Colombia.

Lumière du jour. Paris: ACTUAL, 1989.

Callaghan, Barry. *Canadian Travellers in Italy.* Toronto: Exile Editions, 1989.

"La traducción como pasión secreta". *Gradiva.* Año 3, Nos.7-8 (Septiembre 1989). Bogota, Colombia.

Arteche, Miguel, Rodrigo Canovas. *Antología de la poesía religiosa chilena.* Santiago: Ediciones Universidad Católica de Chile, 1989.

Hazelton, Hugh, Geddes, Gary. *Compañeros An Anthology of Writings About Latin America.* Dunvegan, Ontario: Cormorant, 1990.

"Het Geheim van Moesman". *El huevo filosófico.* No.9 (1990). Toronto, Canada.

"Cinco cuadros secretos que hablan claro". *Rey Lagarto.* Año II, Num. 8 (1990). Asturias, Spain.

## SOBRE LUDWIG ZELLER / ABOUT LUDWIG ZELLER

Matthews, J.H. *The Imagery of Surrealism.* Syracuse, N.Y.: Syracuse University Press, 1977.

Pierre, José. *Revues et tracts surréalistes et de l'horizon surréaliste en France et dans le monde. Le surréalisme et le Canada.* Paris: Centre National de la Recherche Scientifique, 1980.

Schwarz, Arturo. *Introduction au discours sur le peu de réalité du Dernier port du Capitaine Cook.* Toronto: Oasis Publications, 1980.

__________. *L'immaginazione alchemica.* Milan: La Salamandra, 1980.

__________. Anarchia è creativitá. Milan: La Salamandra, 1981.

Biro, A., Passeron, R. et al. *Dictionnaire du surréalisme et ses environs.* Paris: Presses Universitaires de France, 1982.

Pierre, José. *L'Univers surréaliste.* Paris: Somogy, 1983.

Lima, Sergio Claudio. *Collage.* Sao Paulo, Brasil: Editora Parma Ltda., 1984.

Digby, John and Joan. *The Collage Handbook.* London: Thames & Hudson, 1985

## EXPOSICIONES INDIVIDUALES / ONE-MAN SHOWS

1964    Instituto Chileno Norteamericano de Cultura, Santiago, Chile. Paper cut-outs. Recortes en papel.

1966    Sala Libertad, Santiago, Chile. Collages.
Galería Nahuel, Santiago, Chile. Paper cut-outs. Recortes en papel.

1967    Instituto Cultural de Las Condes, Santiago, Chile. Paper cut-outs. Galería Lirolay, Buenos Aires, Argentina. Collages.

1968    Instituto Cultural de Las Condes, Santiago, Chile. Calligrams cut out in paper and serigraphs. Caligramas recortados en papel, serigrafías.
Casa de la Luna, Santiago, Chile. Collages.

1970   Sala Universidad del Norte, Antofagasta, Chile.  Collages.

1971   The Mitchell Gallery, Toronto, Canada.  Collages.

1973   RM Gallery, Toronto, Canada.  Collages.

1974   Galerie Scollard, Toronto, Canada.  Collages.
       Pennsylvania State University, Pennsylvania, U.S.A. Collages.
       Galería Viva México, Caracas, Venezuela. Collages.

1976   Galerie Scollard, Toronto, Canada.  Collages.
       Galerie Manfred, Toronto, Canada.  Collages.

1978   Galerie Dautzenberg, Brussels, Belgium. Collages.
       Galerie Manfred, Dundas, Ontario. "Mirages".

1979   Art Gallery of Hamilton, Hamilton, Canada. *By Four Hands:* A
       retrospective of more than 100 works, both individual works and
       works done in collaboration with Susana Wald. Collages, "Mi-
       rages". *A cuatro manos*: Una retrospectiva de más de
       100 obras, tanto individuales como en colaboración con Susana
       Wald.

1980   Milcroft Inn, Alton, Ontario. *Alphacollage.*Collages.
       Victoria College, University of Toronto, Toronto, Canada. "Mi-
       rages" in collaboration with Susana Wald.
       Galería Epoca, Santiago, Chile.  Collages and "mirages".

1982   Galerie Surréaliste, Toronto, Canada.  Collages and "mirages".

1983   Reykjavik, Iceland.  Collages.

1984   Galería La Kábala, Madrid, Spain.  Collages and "mirages".

1987   Doelen Gallery, Rotterdam, Netherlands.  Collages.

1990   Midway Forum, Toronto, Canada.  Collages.

## EXPOSICIONES DE GRUPO / GROUP SHOWS

1964   Instituto Chileno Norteamericano de Cultura, Santiago, Chile.
*Collage Experimental*

1968   Casa de la Luna, Santiago, Chile. *Arte psicodélico.*

1970   Universidad Católica de Chile, Santiago, Chile. *Surrealismo en Chile.*

1971   Pollock Gallery, Toronto, Canada.
The Mitchell Gallery, Toronto, Canada.

1973   RM Gallery, Toronto, Canada.

1976   Black Swan Gallery, Chicago, U.S.A. *World Surrealist Exhibition.*
Galerie Manfred, Dundas, Ontario. *Phases.*

1977   Galerie Malombra, Paris, France. *Autour des Editions Oasis.*
Museo de Arte Contemporanea da Universidade de Sao Paulo. *Poeticas visuais.*
Junta de Turismo da Costa do Sol. Portugal. *Phases em Portugal.*

1978   Galerie Dautzenberg, Brussels, Belgium. *Autour des Editions Oasis.*
Lisbon, Portugal.*Phases em Portugal.*
Bochum Museum, Bochum, West Germany. *Imagination.*
USINOR, Denain, France. *Phases*
Clohars-Carnoet, Bretagne, France. *Le surréalisme et la peinture.*
Camden Art Centre, London, England. *Surrealism Unlimited.*
Ozaukee Art Center, Cedarburg, Wisconsin, U.S.A. *100th Anniversary of Hysteria.*
Harbourfront, Toronto, Canada. *Whale Sound.*
Museo Carrillo Gil, Mexico City, Mexico. *Presencia viva de Wolfgang Paalen.*

1979   New Brunswick Museum, St. John, N.B., Canada. *Whale Sound.*

1980   Galerie Verrière, Lyon, France. *Griffon 1.*
Château de la Napoule, France. *Espaces surréels.*
Santa Cruz de Tenerife, Spain. *Papeles Invertidos.*

1981   Santa Cruz de Tenerife, Canary Islands, Spain. *Papeles Invertidos.*
Centre Culturel Epinal, Epinal, France. *Images en flagrant délit.*
ELAC, Lyon, France. *Permanence du regard surréaliste.*
XVI Sao Paulo Biennal. *Poeticas visuais.*

1982    Galerie 1900-2000, Paris, France. *Almanach Demi Stock*

1983    Galerie Verrière, Lyon, France. *Ancrages.*
        Galerie 1900-2000, Paris, France. *Trajectoire 1905-1983.*

1986    Teatro Ibérico, Lisbon, Portugal. *Exposiçao internacional do surrealismo.* XLII Venice Biennal, Venice, Italy. *Arte e Alchimia.. Collages and videopoem.*

1988    Musée des Beaux Arts André Malraux, Le Havre, France. *L'expérience continue 1952-1988.*
        Galerie 1900-2000, Paris, France. *Lumière du jour.*

1989    Pleine Marge, Paris, France. *Greffages 2.*

1989-   Galerie d'art de Motane, Quebec. *Lumière du jour et Lumière noire.*